이 진리가
당신에게

닿 기 를

THE FIFTH
AGREEMENT

이 진리가
당신에게

닿 기 를

전 세계를 울린 영혼의 치유자가 전하는
다섯 가지 삶의 지혜

The Fifth Agreement

돈 미겔 루이스·돈 호세 루이스 · 재닛 밀스 지음 ㅣ 노윤기 옮김

P page2

이 아름다운 행성, 지구에서 살아가는 사람들과
앞으로 찾아올 모든 이들에게 이 책을 바칩니다.

톨텍에 대하여

수천 년 전부터 톨텍Toltec은 멕시코 남부지역에서 '지혜로운 여성과 남성'이라는 뜻으로 통용되어 왔다. 인류학자들은 톨텍을 하나의 민족이나 혈통 집단으로 설명하고 있지만 사실은 고대의 영적 지식과 관습을 연구하고 보존하기 위해 구성된 과학자들과 예술가들의 집단이었다. 그들은 '인간이 신이 된 곳'으로 알려진 멕시코 시티Mexico City 외곽의 피라미드 도시 테오티우아칸Teotihuacan에서 스승 **나구알**nagual과 제자들로 모였다. **나구알**들은 수천 년 동안 조상들의 지혜를 숨기고 그 존재마저 숨겨야 했다. 유럽인들이 침입해 쳐들어오기 시작했고 일부 도제들이 권력을 사적으로 남용했기 때문에 현명하게 사용할 준비가 되어 있지 않거나 개인의 이익을 위해 의도적으로 오용할 사람들로부터 지혜를 보호해야 했다.

다행스럽게도 톨텍의 지식은 **나구알**의 여러 혈통에 계승되어 세대를 거치며 전승되었다. 고대의 예언들도 수백 년 동안 비밀리에 전해지던 지혜가 사람들에게 되돌려질 때가 도래할 것이라고 했다. 이제 그들의 후손인 돈 미겔 루이스^{don Miguel Ruiz}와 돈 호세 루이스^{don Jose Ruiz}가 톨텍의 심오한 가르침을 대중과 공유하고자 한다.

톨텍의 지혜는 전 세계의 모든 성스럽고도 심원한 전통들처럼 진리의 보편성^{essential unity of truth}에 뿌리를 두고 있다. 종교는 아니라고 할지라도 이 땅에서 진리를 가르친 모든 영적인 스승들에게 존경을 바친다. 영성을 중요시하지만 톨텍의 지혜를 가장 잘 설명한 것은 '행복과 사랑을 끌어안을 준비가 된 삶의 자세'라는 말이다.

·· 이 진리가 당신에게 닿기를 ··

여러 해 전에 『네 가지 약속』이라는 책을 출간했다. 이 책을 읽은 독자라면 내가 알려준 네 가지 지혜가 어떤 힘을 발휘할 수 있는지 이미 알고 있을 것이다. 그 지혜들은 당신이 당신 자신이나 다른 사람, 혹은 **삶** 자체와 맺은 수천 개의 억압적인 합의들을 깨트리며 당신의 삶을 변화시킬 힘을 가지고 있다.

전작 『네 가지 약속』을 읽을 때 마법이 작동하기 시작했다는 이야기를 수없이 많이 들었다. 당신은 당신이 읽는 단어들보다 더 깊은 곳을 응시하게 된다. 그리고 당신은 이 책의 모든 문장들을 이미 알고 있다고 느낀다. 당신은 책의 메시지를 느끼지만 그것을 결코 언어로 표현할 수 없다.

당신이 이 책을 처음 읽는다면 자신의 믿음을 의심하고 자신의 이해력을 우려하게 될 것이다. 당신은 여러 억압적인 합의들을 깨뜨리며 여러 도전들을 극복하지만 계속해서 새로운 도전에 직면하게 될 것이다. 이 책을 다시 읽을 때 당신은 전혀 새로운 책을 읽는 것처럼 느낄 것이다. 당신의 이해력이 성장했기 때문이다. 당신은 다시 한번 자신의 더 깊은 앎으로 인도되고, 그 순간 도달할 수 있는 한계를 보게 될 것이다. 당신이 이 책을 세 번째 읽는다면 또다시 전혀 새로운 책을 읽는 것처럼 느낄 것이다.

독자들에게 마법과도 같은 일어 벌어지는 이유는 그 지혜들이 **마법**이기 때문이다. 앞서 소개한 네 가지 지혜는 당신이 진정한 자아를 서서히 회복하도록 돕는다. 이 단순한 네 가지 지혜는 당신이 다른 모습을 가장하는 것이 아닌 **진정한** 자신의 모습을 찾도록 길을 안내한다. 이것이야말로 당신이 원하는 것이고, 당신이 되고자 하는 모습이다.

『네 가지 약속』에 담긴 지혜는 젊은이부터 노인에 이르기까지 모든 이들의 마음에 닿고자 한다. 또한 전 세계의 다양한 문화를 가진 사람들, 이를테면 종교적, 철학적 신념이 전혀 다른 사람들의 마음에도 닿고자 한다. 이 책의 가르침들은 지금까지 초등학교와 중·고등학교는 물론 대학교와 여러 종류의 학교에서 공유되었다. 요컨대 이 책이 누구와도 공유될 수 있는 이유는 순수하고 상식적인 생각을 전하기 때문이다.

이제 또 하나의 선물인 두 번째 책『이 진리가 당신에게 닿기를The Fifth Agreement』을 소개한다. 『네 가지 약속』에는 이 책에 기술된 다섯 번째 지혜가 빠져 있다. 당시에는 네 가지 지혜만으로도 충분하다고 생각했으나 곧 다섯 번째 지혜의 필요성을 느꼈다. 다섯 번째 지혜는 당연히 언어로 서술되고 있지만 그 의미와 의도는 언어 너머에 존재한다. 다섯 번째 지혜는 궁극적으로 언어 **대신** 진실의 눈으로 현실을 관조하는 일과 연관된다. 그래서 다섯 번째 지혜를 실천한다면, 자기 자신을 있는 그대로 받아들일 뿐 아니라 다른 모든 사람도 있는 그대로 온전히 받아들이게 된다. 그리고 이에 대한 보상은 당신에게 찾아올 영원한 행복이다.

여러 해 전에 나는 이 책의 개념들 가운데 일부를 제자들에게 가르치려 했지만 내가 하는 말을 이해하는 사람이 아무도 없어서 포기했다. 그들에게 다섯 번째 지혜도 전달하려 애썼지만 그 지혜의 토대가 되는 가르침을 배울 준비가 된 사람이 아무도 없다는 사실을 알게 되었다. 그런데 몇 년 후, 아들 돈 호세 루이스가 같은 가르침을 학생들과 나누기 시작했고, 내가 실패했던 지점에서 성공을 거두기 시작했다. 아들이 성공한 이유는 그 메시지를 학생들과 공유할 수 있다고 굳게 믿었기 때문이었다. 그의 존재 자체가 진실을 이야기했고 수업에 참석한 학생들의 믿음을 자극했다. 아들은 학생들의 삶에 많은 변화를 이끌어냈다.

돈 호세 루이스는 말을 배우던 어린 시절부터 나의 제자였다.

나는 이 책을 통해 아들을 소개하면서 동시에 우리가 7년 동안 함께 전한 가르침의 정수를 알리게 된 것을 큰 영광으로 생각한다.

이 책의 메시지를 개인적인 조언처럼 전하기 위해, 그리고 '톨텍 위즈덤 시리즈'의 이전 책들에서 고수했던 화법을 유지하기 위해 이번 책에서도 1인칭 화자를 등장시키기로 했다. 우리 세 명의 저자들은 목소리와 마음을 하나로 모아 독자들에게 이야기하고자 한다.

돈 미겔 루이스

목차

제1장

상징이 가진 힘

제2장

의심이 가진 힘

"당신이 믿는 순간
거짓은 진실이 된다"

다섯 번째 지혜 : 의심하라. 그러나 경청하라

톨텍의 첫 번째 세계 : 일차원의 꿈

톨텍의 두 번째 세계 : 이차원의 꿈

톨텍의 마지막 세계 : 삼차원의 꿈

삼차원의 꿈에서 나의 삶은 천국이 된다

당신은 어떤 메신저인가?

상징이 가진 힘

"당신의 세상은
당신이 사용하는 문자로
만들어진다"

태초에 모든 것이
섭리 가운데 있었다

당신은
당신을 잃었다

───────────   태어난 순간부터 당신은 세상을 향한 하나의
의미였다. 그 의미란 무엇일까? 아기의 몸으로 태어난 당신 자신이
다. 당신은 인간의 몸을 입고 무한으로부터 던져진 천사의 현현顯現
이다. 무한하고 온전한 어떤 힘은 당신을 위한 섭리를 생성했으며,
당신이 당신 자신이 되기에 필요한 모든 것은 그 섭리 안에 담겨 있
었다. 당신은 태어나고 성장하며 짝을 만나고 나이가 든다. 그리고
마침내 무한으로 회귀한다. 당신의 몸을 이루는 모든 세포는 각기
하나의 우주다. 세포들은 지적知的이고도 온전하여서 무엇으로도
존재할 수 있도록 만들어졌다.

　　당신이 누구든 당신은 당신이 되도록 만들어졌으며, 스스로를

어떻게 **생각하든** 그 섭리는 변하지 않는다. 섭리는 생각이나 마음 속에 들어 있는 것이 아니다. 그것은 몸 속에 있고 DNA라고 부르는 것들 속에 새겨져 있다. 태초부터 당신은 그 속에 담긴 지혜를 본능적으로 따르게 되어 있었다. 아주 작은 아이였을 때 당신은 좋아하는 것과 싫어하는 것을 알았고, 그것을 언제 좋아하고 언제 싫어하는지 알았다. 좋아하는 것을 했으며 싫어하는 것을 애써 피했다. 당신은 본능을 따랐고 그 본능은 당신이 행복을 누리고 삶을 즐기며 놀이와 사랑과 욕구를 충족하도록 이끌었다. 그런데 아이가 자라면 어떤 일이 벌어질까?

몸이 훌쩍 성장하고 마음이 한결 성숙해진다. 의사 표현을 위해 기호를 사용하기 시작한다. 새와 새가 소통하고 고양이와 고양이가 소통하듯 인간은 기호를 통해 서로 대화한다. 당신이 만일 섬에서 태어나 그곳에서 홀로 살아간다면, 혹여 10년의 세월이 소요된다고 할지라도 눈에 보이는 모든 대상에게 이름을 지어줄 것이다. 그리고 그 이름을 사용하여 대화할 것이다. 비록 그것이 당신 혼자만의 언어라고 할지라도 말이다. 인간은 왜 그렇게 행동할까? 단지 쉽게 소통하기 위해서도 아니고 인간의 지능이 뛰어나서도 아니다. 인간은 누구나 자신을 위한 언어를 만들고 자신을 위한 상징체계를 사용하도록 창조되었기 때문이다.

인간들은 수없이 많은 언어를 말하고 기록한다. 인간은 타자

와의 소통 뿐 아니라 자신과 소통하는 더 중요한 과업을 위해서 그 것들을 만들어왔다. 상징symbol은 우리가 말하는 소리일 수도 있 고 신체로 만들어내는 동작일 수도 있으며, 본래 그림의 일종이었 던 글씨와 기호로 표현되기도 한다. 상징은 생각과 사물, 음악, 수 학 등 모든 것을 표현하는데 그중에서도 소리를 만들어내는 일은 모든 소통의 시발점이라고 할 수 있다. 즉, 우리는 상징을 사용하기 위해 말하는 법을 배운다.

우리보다 먼저 세상에 온 사람들은 존재하는 모든 것에 이름 을 붙여놓았다. 그리고 그들은 각각의 소리가 가진 의미를 우리에 게 가르쳤다. 이것은 '테이블'이고 저것은 '의자'라고 말이다. 사람 들은 인어나 유니콘처럼 상상 속에서만 존재하는 것들에도 이름을 지어주었다. 우리가 배우는 단어들은 실재와 가상의 상징물을 모 두 포함하기 때문에 배워야 할 이름들이 무수히 많다. 우리는 한 살 에서 네 살 사이의 아이들이 세상의 상징체계를 배우느라 애쓰는 모습을 본다. 이것은 매우 힘든 과정이지만 생각이 미처 자라기 전 의 일이기 때문에 누구도 그 시간을 기억하지 못한다. 하지만 아이 는 반복과 연습을 통해 마침내 말하는 법을 배우고 만다.

아이가 말하는 법을 익히고 나면 어른들은 자신들이 아는 지 식을 동원하여 훈육을 시작한다. 그리고 그 지식을 토대로 아이에 게 세상의 이치를 가르친다. 한 시대의 구성원들은 그 시대의 문화로 통용되는 사회와 종교와 도덕의 원칙을 담은 수많은 지식을 품고 있다. 그들은 아이들을 불러 모아 지식을 전수하고 자신들과 같은 사람이 되도록 교육한다. 태어난 사회의 풍속에 따라 남자가 되거나 여자가 되는 법을 배운다. 그리고 한 사회에 속해서 '올바르게' 살아가는 방법을 배우고 '좋은' 사람이 되는 법을 익힌다.

여기서 우리가 알아야 할 진실truth은 '개나 고양이는 물론, 모든 다른 동물들과 마찬가지로 인간도 처벌과 보상의 원칙에 의해 길든다'는 것이다. 아이는 어른들이 원하는 행동을 할 때 **착한 아이**라는 말을 듣는다. 어른들이 원하는 행동을 하지 않을 때는 **나쁜 아이**가 된다. 때때로 우리는 악하지 않아도 벌을 받고 선하지 않아도 보상을 받는다. 그런데 우리는 벌을 받는 것이 두렵고 보상을 못 받는 것이 불안해 타인을 기쁘게 하고자 고민한다. 그리고 좋은 사람이 되고자 노력한다. 나쁜 사람은 보상을 받지 못할 뿐 아니라 처벌을 받기 때문이다.

길든다는 것은 우리가 속한 가족, 사회의 모든 규칙, 그리고 가치가 우리를 통해 구현되는 것을 말한다. 우리는 스스로의 믿음을 선택할 기회를 가질 수 없었다. 무엇을 믿어야 하고 무엇을 믿지 말아야 할지를 타인을 통해 선택했기 때문이다. 사람들은 우리에게 무엇이 좋고 무엇이 나쁜지, 무엇이 옳고 무엇이 그른지, 무엇이 아름답고 무엇이 추한지에 대해 끊임없이 이야기한다. 우리는 마치 컴퓨터처럼 그들이 쏟아낸 정보를 머릿속에 전송받는다. 우리에게는 죄가 없다. 우리는 부모님이나 어른들의 말을 **믿었을 뿐**이다. 우리가 **동의하면** 그 정보는 우리의 두뇌에 저장된다. 우리가 배우는 모든 것은 우리가 동의함으로써 입력되고, 우리가 동의함으로써 저장된다. 단, 모든 정보는 우리의 관심을 끄는 데 성공해야 한다.

관심이라는 것은 어떤 대상에 생각을 집중하거나 실행할 방안을 모색하는 마음의 작용 가운데 하나이기 때문에 인간에게 매우 중요하다. 모든 정보는 관심의 작용에 따라 내부로 전달되거나 외부로 버려진다. 관심은 사람과 사람 사이에 메시지를 주고받는 통로가 된다. 그것은 하나의 마음을 다른 마음으로 연결하는 다리와도 같다. 우리는 소리나 기호, 상징, 혹은 신체 접촉을 통해 소통의 다리를 연결한다. 그리고 관심을 끌 만한 어떤 상징물을 내보낸다. 이것이 우리가 누군가를 가르치고 누군가로부터 배우는 방법이다. 만일 우리가 누군가의 관심을 받지 못하면 아무것도 가르칠 수 없다. 또한 우리 스스로가 어떤 것에 관심을 가지지 않으면 우리는 아무것도 배울 수 없다. 어른들은 이러한 관심의 작용을 이용하여 아이들의 내면을 세상의 상징물들로 꾸미도록 가르친다. 어른들은 소리의 상징 작용을 가르친 후에 가나다, ABC 등 기호로 말하는 것을 훈련시킨다. 아이들은 이제 전과 똑같은 소리를 들어도 문자화하여 습득하게 된다.

아이들은 상상력이 발달하고 호기심이 강렬해지면 여러 가지 질문을 던지기 시작한다. 묻고 또 묻고 계속해서 묻는다. 그렇게 세상 모든 곳에서 정보를 취득한다. 그리고 마침내 머릿속에서 스스로 기호를 사용하여 말을 할 수 있게 되었을 때 언어를 습득했다는 사실을 깨닫는다. 이때가 **생각하는** 법을 배우는 시기다. 그 이전에 우리는 생각을 하지 못한다. 의사소통을 위해 소리를 흉내 내고 기호를 전달하지만, 그 기호에 의미와 감정을 싣기 전의 삶은 단순하기 그지없다.

기호에 의미를 실을 수 있게 되면 우리는 삶에서 벌어지는 모든 일들을 설명할 수 있게 된다. 기호를 사용하여 실재하는 것에 대해서도 생각하고 실재하지 않는 것에 대해서도 생각한다. 예를 들어 우리가 아름다움과 추함, 마른 것과 뚱뚱한 것, 영리한 것과 어리석은 것 등을 상상하면 그것은 실재처럼 존재하게 된다. 당신도 이미 알고 있듯 우리는 우리가 습득한 언어를 통해서만 생각할 수 있다. 오랜 세월 동안 나는 스페인어만 사용했기 때문에 영어로 생각할 정도로 영어를 습득하는 데 상당히 긴 시간이 소요됐다. 하나의 언어를 습득하는 것은 쉬운 일이 아니지만, 어느 시점이 되면 우리는 스스로 습득한 기호체계를 통해 생각하고 있다는 사실을 알게 된다.

우리가 대여섯 살이 되고 학교에 입학할 때가 되면 옳고 그름, 승자와 패자, 온전함과 불온함 등의 추상 개념의 의미를 이해하게 된다. 학교에서 우리는 미리 습득한 기호를 사용하여 읽고 쓰는 법을 연마하고, 기성의 언어를 접하며 더 많은 지식을 축적한다. 우리는 계속해서 더욱 많은 기호들에 의미를 부여하게 되는데, 이 과정이 지속되면서 사유는 점차 줄어들어 결국에는 사유가 아닌 반사 작용을 하게 된다.

여기서 우리가 습득한 기호들은 그 자체만으로도 우리의 주의를 집중시킨다. 우리에게 말을 거는 것은 우리가 아는 지식이며, 우리가 듣는 것은 우리의 지식이 속삭인 것이다. 이렇게 지식이 우리 머릿속에서 속삭이는 것을 나는 **지식의 목소리**라고 부른다. 지식의 목소리는 어머니나 아버지의 목소리로, 혹은 형제나 자매의 목소리로, 수많은 발화자의 서로 다른 목소리가 되어 우리의 귓전에 쉬지 않고 속삭인다. 하지만 그 목소리는 실재하는 것이 아니다. 그것은 우리가 만들어낸 허상이다. 하지만 우리는 그것이 실재한다고 **믿는다**. 믿음의 힘을 통해 대상을 실재하도록 만들기 때문이다. 우리는 지식의 목소리가 말하는 것을 **의심하지 않고** 믿는다. 이때 주변 사람들의 생각이 우리의 생각을 지배하기 시작한다.

주변의 모든 사람이 우리에 대한 의견을 피력하며 우리가 누구인지를 이야기한다. 아주 어린 아이였을 때는 우리가 누구인지 알지 못한다. 우리가 우리 자신을 볼 수 있는 유일한 방법은 거울을 들여다보는 것인데, 주변의 사람들은 자신들이 마치 우리의 거울이기라도 한 것처럼 이야기한다. 어머니는 우리가 누구인지 이야기하고 우리는 어머니의 이야기를 신뢰한다. 그 이야기는 아버지가 하는 이야기와도 다르고 형제자매의 말과도 다르지만 우리는 그들 모두의 말에 동의한다. 사람들은 우리의 외모에 대해서도 이야기하는데 어린 시절에는 특히 더 스스럼 없이 이야기한다. "이 것 봐, 네 눈은 엄마를 빼닮았고 네 코는 할아버지랑 똑같아." 우리는 가족 구성원은 물론 학교 선생님과 고학년 선배들의 이야기에도 귀를 기울인다. 우리는 그들의 거울에 비친 우리의 모습을 보고 그것이 우리 자신이라는 데 동의한다. 동의하는 한 그것은 신념체계의 일부가 된다. 점진적으로 우리는 그들의 의견을 통해 우리의 행동을 교정하고 그들이 말하는 우리의 모습을 자신의 것으로 형성해 간다. '나는 멋져. 나는 멋지지 않아. 나는 똑똑해. 나는 그다지 똑똑하지 않아. 나는 승자야. 나는 패배자야. 나는 이 일을 잘해. 나는 이 일에 서툴러'라고 생각하게 된다.

어느 시점이 되면 우리는 부모님과 선생님은 물론 종교나 사회의 모든 이야기들을 종합하여 우리가 그들에게 받아들여질 만한 모습을 스스로 내면화한다. **그들의 이야기는 우리가 어떤 사람이 되어야 하는지, 우리가 어떻게 보여야 하는지, 어떻게 행동해야**

하는지를 알려준다. 우리는 '이렇게' 되어야 하고 '저렇게' 되어서
는 안 된다.

우리는 우리 자신이어서는 안 되기 때문에 우리가 아닌 것처
럼 행동하기 시작한다. 거절당하는 것에 대한 두려움은 우리가 우
리 자신으로 충분하지 않다는 두려움으로 바뀐다. 그러면서 우리
는 **완벽함**이라고 부르는 것을 쫓기 시작한다. 우리는 세상을 탐색
하며 되고자 하는 완벽한 모습을 꿈꾸지만 이내 거기에 미칠 수 없
다는 사실을 알게 된다. 그리고 완벽함을 기준으로 스스로를 평가
하기 시작한다. 자신을 긍정하지 못하게 된 우리는 이렇게 되뇌곤
한다. '난 참 어리석고 못난 사람이구나. 뚱뚱하고 키도 작고, 나약
하고 멍청해!' 이때가 바로 삶의 고난이 시작되는 시점이다. 이제
당신이 가진 기호들은 당신을 적대시하기 시작한다. 우리는 우리
가 배운 기호들을 사용하여 자신을 부정하고 있다는 사실을 알아
채지도 못한다.

길들기 전에 우리는 우리의 외모가 타인에게 어떻게 보이는
지 관심 갖지 않았다. 우리는 세상을 탐색하고 창의력을 발휘하면
서 고통을 피하고 쾌락을 추구하도록 태어났다. 어린 시절 우리는
거칠 것 없이 자유로웠다. 자의식이나 자기 검열 없이 알몸으로 뛰
어다녔다. 진실 속에 살았기 때문에 진실을 말했다. 우리의 관심은
생의 매 순간이었다. 미래를 두려워하지 않았고 과거를 부끄러워

하지 않았다. 길들은 후에 우리는 다른 사람들에게 넉넉히 좋은 사람이 되고자 했지만, 우리 자신에게는 더 이상 좋은 사람이 되려고 노력하지 않았다. 왜냐하면 완벽함이라는 이상적인 자아에 결코 부응할 수 없었기 때문이다. 순응의 과정에서 본래의 성향을 잃어버린 인간은 뒤늦게 잃어버린 것들을 찾기 시작한다. 우리가 자유를 추구하는 이유는 진정한 자신이 되는 데 필요한 자유를 잃어버렸다고 생각하기 때문이다. 우리가 행복을 찾기 시작하는 이유는 더 이상 행복하지 않다고 느끼기 때문이다. 우리가 아름다움을 찾기 시작하는 이유는 자신이 더 이상 아름답지 않다고 생각하기 때문이다.

아이가 성장해서 청소년기가 되면 몸속에서 **호르몬**이라고 불리는 물질이 분비된다. 인간은 그렇게 만들어졌다. 우리의 신체는 더 이상 어린아이의 것이 아니며, 이전에 살았던 삶의 방식에서 벗어나게 된다. 해야 할 일과 하지 말아야 할 일을 제시하는 부모의 이야기를 듣고 싶어 하지 않는다. 우리는 자신만의 자유를 원하고 온전한 자기 자신이 되기를 원하지만 동시에 자립하는 것에 대한 두려움도 가진다. 그런데 사람들은 이렇게 말한다. "너는 더 이상 어린이가 아니야." 하지만 그렇다고 해서 어른이 된 것도 아니라 이 시기를 보내는 이들은 대부분 혼란을 겪는다. 십대인 우리는 더 이상 우리를 길들일 사람을 필요로 하지 않는다. 우리는 이미 우리에게 주어진 상벌체계에 따라 스스로를 판단하고 처벌하고 보상하는 법을 배웠기 때문이다. 길들임이라는 게 세계의 어떤 곳에서는 더 쉬울 수 있고 어떤 문화에서는 더 어려울 수 있지만, 우리 중 누구도 그 길들임에서 벗어날 수는 없다. 누구도 가능하지 않다.

마침내 우리의 신체가 성숙해지면 모든 것에 또 다른 변화가 찾아온다. 우리는 다시 한번 세상을 탐색하기 시작하지만, 점점 더 쫓게 되는 것은 **우리 자신**이다. 우리는 사랑을 갈구하기 시작한다. 사랑이라는 것이 우리의 바깥 어딘가에 존재한다고 배웠기 때문이다. 우리는 정의도 갈망하게 되는데, 우리가 배운 신념체계에는 정의가 존재하지 않기 때문이다. 우리는 진리에 목말라 하는데, 우리가 머릿속에 쌓은 지식 더미에서 그것을 찾으려 하기 때문이다. 우리는 계속해서 완벽함을 추구한다. '세상에 완벽한 사람은 없다'라는 세상 사람들의 이야기에 동의하기 때문이다.

인간이 창조하는
예술

동의하지 않으면
어떠한 의미도 없다

우리는 성장기를 보내는 내내 우리 자신, 주위 사람들, 그리고 소속된 사회와 수많은 합의를 맺는다. 그중에서 가장 중요한 합의는 우리가 배운 상징을 내면화하는 우리 자신과 맺는 합의다. 상징들은 우리가 우리 자신에 대해 믿고 있는 것들을 이야기해준다. 우리가 누구여야 하고 우리가 누구여서는 안 되는지를 말하며, 무엇이 가능하고 무엇이 불가능한지를 이야기한다. 지식의 목소리는 우리가 아는 모든 것을 이야기한다. 그런데 우리가 아는 것들이 진실인지, 진실이 아닌지는 누가 이야기해 줄 수 있을까? 초등학교, 중학교를 다니고 고등학교와 대학교에 진학해 매우 많은 지식을 습득했지만 그중에 우리가 정말로 알고 있는 것은 무엇일까? 우리는 정말 진실만을 배울까? 절대 그렇지 않다. 우리는 언어를 배우고 상징을 습득할 뿐이다. 그 상징은 **의심할 나위 없는 진실**이기 때문에 배움의 대상이 되는 것이 아니고 우리가 그것에 **동의하기 때문에** 진실이 된다.

영국에서 태어난 사람은 영어로 된 상징을 배우고 중국에서 태어난 사람은 중국어로 상징을 배운다. 하지만 영어나 중국어, 스페인어, 독일어, 러시아어, 혹은 그 어떤 언어를 배우든 상관없이 상징은 사람들이 의미를 부여하고 그 의미에 동의하기 때문에 가치를 가진다. 만일 우리가 동의하지 않는다면 그 상징은 가치를 가질 수 없다. 예를 들어, **트리**tree라는 단어는 영어를 사용하는 사람들에게 의미를 갖지만, 그 단어가 어떤 대상을 뜻한다고 우리가 **믿고 동의**하지 않는다면 아무런 의미를 갖지 못한다. 당신에게 의미를 가지고 나에게 의미를 가진다면 그것이 우리가 서로를 이해하는 방식이다. 지금 내가 문자를 통해 전하는 이야기를 당신이 이해하는 것도 마음속에서 이루어지는 단어의 의미화 작업에 우리 모두가 합의했기 때문이다. 하지만 그렇다고 해서 우리가 그 의미에 완전히 동의한 것은 아니다. 우리는 각각의 단어에 의미를 부여하지만 모두가 똑같은 의미를 부여하는 것은 아니기 때문이다.

단어가 형성되는 방식을 깊이 고민해 보면 단어에 부여되는 의미는 어떠한 경우에도 실체적인 이유를 갖지 않는다는 사실을 알게 된다. 우리는 필요한 단어를 어딘가에서 구해오지 않는다. 단지 조합할 뿐이다. 인간은 모든 소리와 문자와 기호를 만들어낸다. 우리는 '에이A'라는 발음을 들으면 이렇게 생각한다. '이 소리는 어떤 상징을 표현한 거야.' 우리는 소리를 표현하는 상징을 만들었고, 그 상징과 소리를 결합하여 의미를 부여한다. 우리의 마음속에 있는 모든 단어는 그렇게 의미를 가지게 되었는데, 본래부터 실재하기 때문이 아니고 본래부터 사실이기 때문도 아니다. 그것은 우리는 물론 같은 상징체계를 학습한 다른 모든 사람들과의 합의일 뿐이다. 다른 언어를 사용하는 나라를 여행하다 보면 합의의 힘과 중요성을 즉시 체감하게 된다. (다음은 스페인어, 그리스어, 독일어, 중국 한자, 그리고 영어로 표기된 같은 의미의 문장들이다. 뜻은 다음과 같다. '나무는 나무일 뿐이고 태양은 태양일 뿐이며 지구는 지구일 뿐이다. 단, 우리가 동의해야 한다.'─옮긴이)

○ Un árbol es sólo un árbol, el sol es sólo el sol, la tierra es sólo la tierra si estamos de acuerdo.

○ Ένα δέντρο είναι μόνο ένα δέντρο, ο ήλιος είναι μόνο ο ήλιος, η γη είναι μόνο η γη αν συμφωνούμε.

○ Ein Baum ist nur ein Baum, die Sonne ist nur die Sonne, die Erde ist nur die Erde wenn wir uns darauf verständigt haben.

- 樹只是樹 太陽只是太陽 土地就是土地 只要我們也這樹想.

- A tree is only a tree, the sun is only the sun, the earth is only the earth if we agree.

이처럼 합의된 기호가 전혀 다른 프랑스나 러시아, 튀르키예, 스웨덴 등의 국가에서는 동일한 의미를 갖지 못한다. 만일 우리가 영어를 배운 뒤 중국을 방문한다면 사람들이 대화하는 소리는 들을 수 있겠지만 문장 속 단어 하나도 이해할 수 없을 것이다. 그들의 언어는 우리가 습득한 기호체계가 아니라서 우리가 의미를 갖지 못하기 때문이다. 많은 것들이 우리에게 낯설 것이며 마치 다른 세상에 도착해 있다고 느낄 것이다. 종교 행사장을 방문하면 그들의 믿음이 완전히 다르고, 예식도 전혀 다르며, 신화체계도 우리가 배운 것과 완전히 다르다는 것을 알 수 있다. 그들의 문화를 이해하는 한 가지 방법은 그들이 사용하는 기호, 즉 그들의 언어를 배우는 것이다. 그런데 만일 우리가 새로운 삶의 방식이나 새로운 종교나 철학을 배운다면 이전에 배운 것들과 충돌을 일으킬 수 있다. 새로운 신념이 오랫동안 믿었던 신념과 충돌하면 즉시 다음과 같은 의문이 제기된다. 무엇이 옳고 무엇이 그른가? 전에 배운 것이 옳은가, 아니면 지금 배운 것이 옳은가? 진실은 무엇인가?

진실은 바로 이것이다. 우리가 가진 지식의 전부는 우리가 지각한 것을 이해하고 그것을 표현하기 위해 만들어낸 기호나 단어들에 불과하다는 것. 우리 마음속의, 그리고 이 책 모든 페이지의 단어들은 단지 일종의 기호일 뿐이지만 그 기호들은 믿음의 힘을 갖는다. 우리가 일말의 의심 없이 단어의 의미들을 믿기 때문이다. 그렇게 인간은 상징으로 만들어진 거대한 신념체계를 구성했다. 즉, 인간은 지식으로 만들어진 하나의 세상을 만들었다. 그리고 상징체계에 불과한 것이 '지식'임에도 우리는 우리가 아는 모든 지식을 총동원하여 우리가 믿는 것들을 정당화한다. 우리는 우선적으로 우리 자신에게, 그리고 주변 사람들에게 우리 자신과 우주 전체를 인식하는 방식을 설명하려 한다.

우리가 이 사실을 인정한다면 세상의 온갖 신화와 종교, 철학, 그리고 수많은 신념과 사고방식들이 우리 자신과 다른 사람들 간의 합의에 불과하다는 것을 쉽게 이해할 수 있다. 모든 것은 우리의 창조물이다. 하지만 그 창조물들은 옳은 것일까? 물론 존재하는 모든 것은 옳다. 지구도 옳고 별도 옳고 온 우주도 옳다. 하지만 우리가 알고 있는 것을 표현하기 위해 사용하는 기호들은 오로지 우리가 그렇게 표현했기 때문에 옳다.

성경에는 하느님과 인간 사이의 관계를 묘사한 아름다운 이야기가 있다. 한 일화에서 하느님은 함께 세상을 주유周遊하던 아담에게 사물들을 어떻게 부를 것인지 묻는다. 아담은 눈에 보이는 모든 대상에게 차례차례 이름을 지어준다. "이것은 **나무**, 이것은 **새**, 저것은 **꽃**이라고 부르죠." 그리고 하느님은 아담의 명명에 합의한다. 이 이야기는 상징이 만들어지고 언어의 체계가 성립되는 과정을 보여준다. 모든 것은 합의를 통해 이루어진다.

마치 동전의 양면 같은 것이다. 한 면은 아담이 받아들이는 순수한 지각이고 다른 면은 지각한 대상에 부여한 의미라고 할 수 있다. 한 면이 사실 자체인 지각된 물체이고 다른 면은 개인의 관점이자 사실에 대한 해석이다. 사실은 객관적인 것이고 우리는 그것을 **과학**이라고 부른다. 사실에 대한 해석은 주관적인 것이고 우리는 그것을 **예술**이라고 부른다. 요컨대 과학과 예술은 각각 사실과 그 사실에 대한 우리의 해석이다. 진정한 진리는 생명이 피워내는 창조 행위이며 이는 우리 모두에게 나타나는 절대적인 진리다. 사실에 대한 해석은 우리의 창조물이며 합의에 의해 만들어지기 때문에 상대적인 진리다. 이러한 점을 이해할 때 우리는 비로소 인간의 마음을 이해할 수 있다.

모든 인간은 본래 진리를 알도록 태어났기 때문에 언어를 통해서만 진리를 알 수 있는 것은 아니다. 하지만 진리를 **표현**하기 위해서는 언어를 사용해야 한다. 이때 나타나는 표현들이 우리의 예술이다. 예술은 사실에 머물지 않는다. 우리가 사용하는 단어는 기호고, 기호는 단지 진실을 대신하거나 **상징화**할 뿐이기 때문이다.

예를 들면 우리는 '나무'라는 기호를 모른다고 해도 나무를 볼 수 있다. 기호가 없으면 우리는 대상만을 직면한다. 그 대상이 실재이고 진리이며 우리는 그것을 인식한다. 우리가 그것을 '나무'라고 부르는 것은 우리가 인식한 것을 표현하기 위해 예술을 사용하는 것을 의미한다. 우리는 무수히 많은 기호들을 사용하여 나무의 이파리와 색깔을 묘사할 수 있다. 우리는 어떤 나무를 큰 나무로 부를 수도, 작은 나무로 부를 수도 있다. 또 멋진 나무나 못생긴 나무라고 부를 수도 있다. 그런데 이러한 명명은 진실일까? 그렇지 않다. 그 나무는 언제나 똑같은 나무일 뿐이다.

　나무를 해석하는 일은 나무를 바라보는 우리의 감정 반응에 좌우되고, 우리의 감정 반응은 마음속 나무를 재창조하는 상징화 작용을 통해 생겨난다. 당신이 알고 있는 것처럼 나무에 대한 우리의 해석은 정확한 진리가 아니다. 우리의 해석은 진리의 **반영**이며, 인간 내면에서 일어나는 그 반영을 **마음**이라고 부른다. 인간의 마음은 가상현실에 지나지 않는다. 그것은 실재하지 않는다. 실재하는 것만이 진실이다. 진실은 누구에게나 진실이다. 하지만 가상현실은 우리 각자의 창조물이다. 그것은 각자의 예술이며 각자에게만 유일한 진실이다.

　인간은 누구나 예술가다. 우리 모두가 그러하다. 모든 기호와 단어들은 예술의 작은 조각들이다. 나는 개인적으로 인간의 내재

된 본능에 감사한다. 인간은 언어를 사용하여 마음속에 자신의 가상현실을 창조하는 놀라운 능력을 가지고 있기 때문이다. 그런데 우리가 만드는 가상현실은 진실을 분명히 보여주기도 하지만 완전히 왜곡된 세상을 투사하기도 한다. 어느 쪽이든 모든 것이 예술이다. 우리가 만드는 현실은 우리 각자에게 천국이 될 수도 있고 지옥이 될 수도 있다. 어느 쪽이든 상관없이 그 모두는 예술이다. 무엇이 진실이고 무엇이 허상인지를 논하고자 한다면 논쟁은 그치지 않을 것이다. 진실은 자아를 완성의 길로 이끌고 삶을 평온한 곳으로 인도한다. 진실이 왜곡되면 불필요한 갈등과 고통이 찾아온다. 그리고 이 모든 차이를 만드는 것이 인식awareness이다.

　　인간은 인식 능력을 가지고 태어난다. 그래서 태생적으로 진실을 감지할 수 있다. 그런데 지식을 쌓기 시작하면서 점차 그 능력을 부정하는 법을 배운다. 알지 못하는 것을 배우고 깨닫지 못하는 것을 습득한다. 언어는 그 자체로 순수한 마법이지만 우리는 그 마법을 사용하여 자신과 자신의 창조물과 자신의 본성을 거스른다. 인식한다는 것은 진실을 보는 눈을 뜨는 것을 의미한다. 진실을 본다는 것은 우리가 믿는 것과 우리가 원하는 것이 아닌, 있는 그대로의 모습을 보는 것을 말한다. 인식은 수백만 가지 가능성의 문을 여는 것이다. 만일 우리가 스스로의 삶을 가꾸는 예술가라는 사실을 안다면 그 모든 가능성 가운데 필요한 선택을 할 수 있다.

이 책에서 독자 여러분과 나누고자 하는 것은 내가 **톨텍의 지혜**Toltec Wisdom라고 부르는 사유 훈련 자료들이다. **톨텍**은 나우아Nahua 부족(멕시코 최대의 인디오 집단—옮긴이)의 언어, 나우아틀Náhuatl로 **예술가**를 의미한다. 내 생각에 우리는 세상 어느 곳에서 어떤 신념을 가지고 살아가든 톨텍이 될 수 있다. 톨텍이 된다는 것은 예술가가 된다는 단순한 의미다. 톨텍은 영혼의 예술가이며 예술가인 우리는 아름다움을 동경한다. 우리는 아름답지 않은 것을 동경하지 않는다. 만일 우리가 더 나은 예술가가 된다면 우리의 가상현실은 더 많은 진실을 반영할 수 있으며 그렇게 창조한 예술을 통해 천상의 예술작품을 만들 수도 있다.

수천 년 전에 톨텍은 예술가의 세 가지 지상 과제를 제시한 바 있다. **인식의 완성, 변화의 완성, 사랑 혹은 의지나 믿음의 완성**이 그것이다. 사람들이 쉽게 이해할 수 있도록 세 가지로 구분했을 뿐, 이것은 결국 하나로 수렴된다. 진실은 오직 하나이며 우리가 지금 이야기하고 있는 바로 그것이다. 이 세 가지 과제는 우리를 고통에서 벗어나게 하고 행복과 자유와 사랑이라는 인간의 본성으로 회귀하도록 도와준다.

톨텍은 인간이 진리를 자각하든 그렇지 않든 우리가 자신만의 가상현실을 만든다는 사실을 알고 있다. 우리가 진리를 자각한다면 우리 자신이 창조한 피조물들을 즐길 수 있다. 우리가 변화를 실행하든 그것에 저항하든 우리의 가상현실은 언제나 변화한다. 만일 우리가 변화를 위한 기술들을 연마한다면 우리는 모든 변화에 능숙해질 것이며, 그렇게 된다면 각자가 가진 마법을 자기 자신을 적대시하는 데 쓰는 대신 행복과 사랑을 표출하는 데 사용하게 될 것이다. 우리가 사랑과 의지와 믿음을 통달하고, 삶의 꿈을 구현하여 세 가지 과제를 완성할 수 있다면 우리는 자신의 신성神性을 회복하고 하느님과 하나가 될 것이다. 이것이 톨텍의 목표다.

고대의 톨텍은 지금 우리가 가진 과학 기술을 알고 있지 못했다. 그들은 컴퓨터가 만들어내는 가상현실을 알지 못했지만 인간의 마음속에서 가상현실을 완성하는 방법을 알고 있었다. 우리가 마음을 완성하기 위해서는 주의력을 통제할 수 있어야 한다. 우리 내외에서 인지하는 모든 정보를 해석하고 반응하는 과정을 잘 다뤄야 한다는 말이다. 톨텍은 인간이 하느님과 같은 일을 수행하지만 세상을 창조하는 것이 아닌 재창조한다는 점을 이해하고 있었다. 우리가 재창조하는 것은 무엇인가? 우리가 인식하는 것이다. 그리고 우리가 인식한 것은 우리의 마음이다.

만일 우리가 인간의 마음이 어떤 것이고 그 마음이 어떻게 작용하는지 이해한다면 우리는 가상현실에서 현실을 분리할 수 있을 뿐 아니라 상징의 세계인 예술에서 순수한 사실들을 구분할 수 있게 된다. 자아의 완성은 깨달음과 관련되며 그것은 인식에서 시작된다. 사실이 무엇인지 알게 된다면 그 사실을 믿는 우리의 믿음인 가상현실 또한 인식할 수 있게 된다. 이러한 사실을 인지한다면 우리는 자신의 믿음을 변화시켜 가상현실을 변화시킬 수 있다는 사실 또한 알게 된다. 우리가 사실 자체를 바꿀 수는 없지만 그 사실에 대한 믿음은 변화시킬 수 있다.

첫 번째 지혜

: 흠결 없는 언어로 말하라

내가 뱉은 말이
나를 만든다

———————— 인간은 지난 수천 년 동안 우주와 자연을 이해하기 위해, 특히 **인간 자신의** 본성을 이해하기 위해 분투해 왔다. 이 아름다운 지구 행성에 존재하는 수많은 공간과 그 속에서 이어져 온 문화들 가운데 세계의 사람들이 보여준 행위들을 관찰하는 것은 놀라운 일이다. 그들을 이해하기 위해 우리는 다양한 노력을 기울이는데, 그와 동시에 많은 것들을 만들어내기도 한다. 한 사람의 예술가인 우리는 진실을 변형하여 매우 놀라운 이야기들을 만들어낸다. 거대한 철학 체계를 구성하기도 하고, 그토록 놀라운 종교들도 만들어낸다. 우리는 우리 자신을 포함한 모든 것에 대한 이야기와 미신을 창조한다. 지금의 논의를 관통하는 핵심은, **우리는**

그 모든 것들을 창조한다는 것이다.

인간은 창조 능력을 가지고 태어났으며 자신이 배운 언어를 매개로 끊임없이 이야기를 만들어낸다. 누구든 언어를 사용하여 자신의 생각을 형성하고 그렇게 형성된 관점을 외부로 표출할 수 있다. 우리의 삶에는 시시각각 수많은 사건들이 벌어지며 우리는 지각이라는 활동을 통해 그러한 사건들을 하나의 이야기로 조합할 수 있다. 자신의 인생 이야기부터 가족의 이야기, 공동체 이야기, 국가 이야기, 인류 이야기, 심지어 온 우주에 관한 이야기까지 만들어낸다. 우리는 누구나 이웃과 공유하는 이야기를 가지고 있다. 메시지는 자기 자신을 향하기도, 다른 사람에게 향하기도 한다. 또, 주변의 모든 사람에게 향하기도 한다.

당신은 태생적으로 메시지를 전하도록 태어났으며 메시지를 만드는 것은 당신이 할 수 있는 가장 위대한 예술이다. 메시지란 무엇인가? 바로 당신의 **삶**이다. 삶이라는 메시지를 통해 당신은 당신이 주인공인 이야기를 만들고, 당신이 인식한 모든 것에 관한 이야기를 서술한다. 당신은 마음속에 하나의 온전한 가상현실을 만들고 그 현실 속에서 살아간다. 당신은 생각을 할 때 당신의 언어를 사용한다. 그리고 의미를 표현하기 위해 수많은 기호들을 머릿속에서 조합한다. 당신은 당신 자신에게 메시지를 전하는데, 당신이 그것을 진실이라고 믿는 한 그 메시지는 진실이 된다.

당신의 이야기는 당신이 자신에 대해 알고 있는 모든 것이다. 내가 기술하는 이 문장을 읽는 당신은 인간으로 **실재하는 당신**이 아니고, 당신이 당신이라고 믿는 그 인식 속의 당신이다. 알아챘을 수도 있지만 나는 지금 **당신**과 당신을 구분하고 있다. 그중 한 명은 실재하고 다른 한 명은 실재하지 않는다. 육신을 가진 **당신**은 실재한다. 그러므로 **당신**은 진실이다. 지식으로 축적된 당신은 실재하지 않는다. 그러므로 당신은 가상이다. 인식 속의 당신은 당신 자신은 물론 주변의 타인들과 도출한 합의 때문에 존재한다. 당신은 당신의 머릿속에 담긴 기호들로부터 나오며, 당신이 사랑하는 사람, 사랑하지 않는 사람, 당신이 아는 사람, 그리고 대부분은 당신이 절대 모를 사람들의 생각들로부터 나온다.

　　당신의 머릿속에서 말하는 사람은 누구인가? 당연히 나 자신이라고 생각할 것이다. 하지만 말하는 사람이 당신 자신이라면 그 말을 듣는 사람은 누구인가? 당신의 머릿속에서 당신에게 말하는 사람은 지식으로 만들어진 당신이다. **실재하는 당신**은 듣고 있다. 하지만 **당신**은 당신이 지식을 쌓기 훨씬 전부터 존재했다. 당신이 그 모든 기호들을 이해하기 훨씬 전부터 존재했으며, 당신이 말을 배우기 전부터 존재했다. 그리고 말하는 법을 배우기 이전의 여느 어린아이처럼 당신은 온전히 진실했다. 당신은 당신이 아닌 것을 가장하지 않았다. 의식하지 못했겠지만, 당신은 자신을 온전히 신뢰했으며 자신을 온전히 사랑했다. 지식을 배우기 전에는 당신 자신인 채로 온전히 자유로울 수 있었다. 머릿속에 들어와 있는 다른 사람들의 이야기와 의견이 존재할 수 없었기 때문이다.

지금 당신의 마음은 지식으로 가득 차 있다. **당신은 그 지식을 어떻게 사용하고 있는가?** 당신 자신을 설명할 때 어떠한 언어를 사용하는가? 당신은 거울에 비친 자신의 모습을 보고 자신을 긍정하는가, 아니면 자신의 신체를 함부로 평가하고 세상에서 통용되는 상징의 언어들을 사용하여 스스로를 대적하는가? 키가 크거나 작고, 살이 쪘거나 몸이 마른 것은 **정말 사실인가?** 당신이 아름답지 않은 것이 **정말 사실인가?** 당신 자체로 완벽하지 않다는 생각은 **정말 사실인가?**

당신은 당신이 자신을 함부로 판단하고 있다는 사실을 알고 있는가? 그 모든 판단들은 의견일 뿐이고 관점일 따름이어서 당신이 세상에 태어났을 때는 존재하지 않았다. 당신이 자신에 대해 생각하는 모든 것과, 당신이 자신에 대해 믿는 모든 것은 당신이 그렇게 배웠기 때문이다. 부모와 형제자매와 사회로부터 그렇게 배웠기 때문이다. 사람들은 몸이 어떻게 꾸며져야 하는지를 시각화하여 보여주었다. 그들은 당신이 살아가는 방식, **되어야 하는** 모습, 되어서는 안 되는 모습에 대해 그들의 의견을 제시했다. 그들은 메시지를 던졌고 당신은 그것을 받았으며 합의가 이루어졌다. 지금 당신은 당신이 누구인지에 대해 너무도 많은 생각을 가지고 있다. 하지만 과연 그것들은 모두 진실인가?

문제는 지식 자체가 아니다. 중요한 것은 **왜곡된** 지식을 믿는 행위다. 왜곡된 지식은 우리가 **거짓**이라고 부르는 것들이다. 진실은 무엇이고 거짓은 무엇인가? 실재하는 것은 무엇이고 실재하지 않는 것은 무엇인가? 당신은 이 둘의 차이를 구분할 수 있는가? 아니면 당신이 믿는 것을 실재하는 것으로 확신한 채 진실을 왜곡하는 머릿속의 목소리들을 그대로 믿고 있는가? 당신은 좋은 사람이 아니며 당신 자신으로는 결코 충분하지 않다는 생각은 **정말 사실인가?** 당신은 행복할 자격이 없다는 생각이 **정말 사실인가?** 당신은 사랑받을 가치가 없는 사람이라는 생각이 **정말 사실인가?**

나무가 나무로서의 의미를 벗어나는 경우를 생각해 보자. 언어를 배운 이후부터 당신은 당신이 배운 지식의 최대치로 나무를 이해하고 판단하게 된다. 바로 그때 나무는 아름다운 나무, 못생긴 나무, 끔찍한 나무, 멋진 나무가 된다. 이러한 현상은 당신 자신에게도 그대로 적용된다. 당신은 당신이 알고 있는 지식으로만 스스로를 이해하고 판단한다. 그때 당신은 선한 사람이나 나쁜 사람이 되고, 죄인이나 광인이 되며, 강한 사람이나 약한 사람, 아름다운 사람이나 추한 사람이 된다. 그렇게 당신은 당신이 믿는 그대로의 존재가 된다. 그렇다면 가장 먼저 던져야 할 질문은 이것이다. "당신은 당신이 누구라고 생각하는가?"

당신이 자각할 수 있다면, 당신이 믿는 모든 것을 보게 될 것이다. 그것이 바로 당신이 삶을 사는 방식이다. 당신의 인생 전부는 당신이 체득한 신념의 체계에 의해 지배된다. 당신이 믿는 모든 것이 당신이 경험하는 삶의 이야기를 구성한다. 당신이 믿는 모든 것이 당신이 느끼는 감정을 창조한다. 당신은 당신이 믿는 모습이 **당신**이라고 생각하겠지만, 그것은 허상일 뿐 **당신이 아니다.**

실재하는 당신은 당신이 아는 모든 것을 넘어선 고유한 존재다. 실재하는 당신이 진실이기 때문이다. 인간으로서의 당신은 진실이며 물리적인 존재로서의 당신은 실재한다. 당신이 스스로에 대해 믿는 것은 실재하지 않으며, 당신이 자신의 삶을 더 나은 것으로 만들고자 하지 않는다면 그것은 중요한 문제가 되지 않는다. 이것이 허구가 가진 진실이다. 어느 쪽이든 당신이 창조하는 삶의 이야기는 하나의 예술 작품이다. 놀랍고 아름다운 이야기라고 하더라도 단지 하나의 이야기일 뿐이다. 그리고 그것은 기호를 사용하여 얻을 수 있는 최대치의 진실에 가깝다.

한 사람의 예술가가 자신의 예술을 창조하는 데 옳거나 그른 것이란 없다. 단지 아름다움이 있거나 없으며, 행복이 있거나 없을 뿐이다. 스스로를 예술가라고 믿는다면 다시 모든 것이 가능해진다. 당신의 삶은 캔버스고 당신의 언어는 그림을 그리는 붓이다. 당신은 어떤 그림이든 원하는 것을 그릴 수 있다. 물론 당신이 다른 예술가의 작품을 모사할 수도 있다. 하지만 당신이 그림 붓으로 표현하고자 하는 것은 당신이 스스로를 인식하는 모습이고 세상 전체를 바라보는 방식이다. 당신이 그리는 것은 당신의 삶이며, 그것이 어떻게 나타나는가는 당신이 어떤 언어를 사용하는가에 달려 있다. 이것을 깨닫는다면 당신은 언어가 창조의 위대한 도구라는 사실을 분명하게 알게 될 것이다. 당신이 만일 자각을 통해 창조의 도구를 사용하는 법을 배운다면 언어를 매개로 하나의 역사를 만들 수 있다. 그것은 무슨 역사인가? 물론 당신의 삶이라는 역사다. 그것은 **당신**의 이야기다.

첫 번째 지혜

흠결 없는 언어로 말하라
Be Impeccable with Your Word

네 가지 지혜 가운데 첫 번째이자 가장 중요한 지혜에 대해 생각해 보자. **흠결 없는 언어로 말하라.** 언어는 창조의 능력이며 그 능력은 다양한 방향으로 나아갈 수 있다. 한 방향은 언어가 아름다운 이야기를 창조하는 흠잡을 데 없이 완전무결한 곳으로 향하는데, 그곳은 지상에 놓인 당신만의 천국이다. 다른 방향으로 가면 잘못된 언어가 주변의 모든 것을 파괴하는 곳에 이르게 되는데, 그곳은 지상에 만들어진 당신만의 지옥이다.

하나의 상징으로서 언어는 신비로운 창조 능력을 가지고 있다. 언어가 사람의 인식 속에 이미지, 생각, 감각, 또 그 밖의 모든 것들을 만들어내기 때문이다. 말horse이라는 단어를 듣는 사람은 머릿속에 말의 이미지를 떠올릴 수밖에 없다. 이것이 상징이 가진 힘이다. 그런데 언어는 그보다 더 강력한 힘을 발휘할 수 있다. 「대부The Godfather」라는 영화 제목을 들으면 많은 사람들은 영화 내용 전체를 머릿속에 떠올릴 것이다. 이것이 인간이 가진 신비로운 창조의 능력이다. 이 모든 것이 언어에서 시작된다.

이제 당신은 성경에 쓰인 다음과 같은 구절을 이해할 수 있을 것이다. "태초에 말씀이 계시니라. 이 말씀이 하느님과 함께 계셨으니, 이 말씀이 곧 하느님이시니라." 종교에 따르면 태초에는 아무것도 존재하지 않았으며 하느님이 가장 먼저 창조하신 것은 메시지를 전달하는 메신저, 즉 천사였다. 당신은 어떤 정보가 한 장소에서 다른 장소로 전달되는 필요성에 대해 이해할 수 있을 것이다. 물론 존재하지 않는 장소에서 또 다른 존재하지 않는 장소로 무언가가 이동한다는 개념이 어렵게 느껴질 수도 있지만 매우 간단히 이해할 수도 있다. 태초에 하느님이 말씀을 창조하셨고, 그 **말씀**이 메신 저다. 만일 하느님이 메시지를 전달하기 위해 말씀을 창조하셨다 면, 그리고 그 말씀이 메신저라면 그 메신저, 혹은 천사는 바로 당 신이다.

언어의 원천은 우리가 흔히 **삶**life**이나 의지**intent**, 혹은 신**god **이라고 부르는 힘**들이다. 언어는 그러한 힘을 품고 있다. 언어는 일 정한 지향성을 가지기 때문에 어떤 언어를 사용하든 그 언어는 우 리가 의도하는 바를 추구한다. 언어는 모든 것을 창조하는 매우 중 요한 존재다. 메신저가 메시지를 전하기 시작하면 일순간 작은 소 우주가 펼쳐진다.

하느님이 아담과 함께 걸으며 이야기한 성서 속 장면을 기억 하는가? 하느님은 실재를 창조하시고 우리는 언어를 통해 그 실재 를 재창조한다. 우리가 만드는 가상현실은 실재의 반영이다. 우리 가 언어를 사용하여 실재를 해석한 것이다. 언어가 없다면 가상현 실에는 아무것도 존재할 수 없다. 언어는 우리가 아는 모든 것을 창 조하는 도구이기 때문이다.

글을 읽으며 알아챘겠지만 나는 지금 일부러 여러 가지 다른 표현들을 사용하며 이야기를 전개하고 있다. 따라서 서로 다른 표 현들이 등장하고 있지만 그것들이 의미하는 바는 정확히 동일하 다. 전 세계 모든 문화권에서 서로 다른 기호들을 사용하지만 그것들이 의미하는 바 역시 동일하다. 당신이 만일 기호 속에 의미가 담기는 과정을 숙고해 본다면 내가 전하고자 하는 말을 이해할 수 있을 것이다. 흠결 없는 언어가 매우 중요한 이유는 당신의 언어가 바로 메신저인 **당신 자신**이기 때문이다. 그 언어는 당신이 전하고자 하는 메시지의 전부다. 그 메시지는 다른 사람이나 주변의 누구도 아닌 당신 자신에게 전해진다.

당신의 메시지가 당신 자신에게로 향한다는 말은 사실이다. 당신이 만일 스스로를 함부로 속단하고 부정하는 이야기를 만들어 낸다면 그러한 행위는 언어를 이용해 스스로를 비하하고 스스로를 불완전한 상태로 몰아넣는 것과 같다. 만일 당신이 완전무결하다면 스스로에게 이렇게 말하지는 않을 것이다. "나는 너무 나이가 들었어. 나는 너무 못생겼어. 나는 뚱뚱해. 나는 괜찮은 사람이 못 돼. 나는 능력 있는 사람이 못 돼. 나는 평생 이 일을 할 수 없을 거야." 당신이 완전무결하다면 당신의 지식을 스스로를 부정하는 데 사용하지도 않을 것이다. 즉, 당신이 만들어낸 지식의 목소리가 당신을 함부로 판단하고 정죄定罪하고 처벌하는 언어를 사용하지 않을 것이다. 당신의 마음은 당신이 창조한 이야기를 그대로 받아들일 정도로 강력한 흡인력吸引力을 가지고 있다. 만일 스스로에게 잘못된 판단을 내리기 시작한다면 악몽과도 같은 내적 갈등이 시작될 것이다.

당신의 행복은 당신에게 달려 있으며, 당신이 언어를 어떻게 사용하느냐에 달려 있다. 당신이 만일 화가 난 채로 타인에게 감정의 독을 품은 언어를 발설한다면, 타인을 향하고 있는 것처럼 보이는 그 언어가 실제로는 당신을 향하게 될 것이다. 당신의 행위는 상대방에게도 같은 반응을 불러일으킬 것이고 그 사람도 **당신**을 대적하게 될 것이다. 당신이 만일 누군가를 모욕한다면 당신에게는 그에 대한 반작용이 생겨날 것이고 심지어 그 사람이 당신에게 해를 가할 수도 있다. 당신이 만일 갈등을 부르는 언어를 사용하여 신체에 해를 입게 되었다면 그것은 명백히 당신의 언어가 당신을 대적한 결과다.

흠결 없는 언어로 말하라는 이야기는 언어가 가진 힘을 **자신**을 대적하는 데 사용하지 말라는 뜻이다. 당신의 언어에 흠결이 없다면 당신은 당신 자신을 배반할 수 없다. 자신의 언어로 스스로를 비하하거나 타인을 험담하며 감정의 독을 퍼뜨리지도 않을 것이다. 험담은 인간 사회에서 의사소통의 큰 부분을 차지하며, 이를 접하는 우리는 동의하는 방식으로 타인을 비판하는 법을 배운다. 어린 시절 우리는 어른들이 자신과 주변 사람들을 험담하는 모습을, 심지어 알지도 못하는 사람들을 비판하는 모습을 지켜본 경험이 있다. 하지만 당신은 이제 누군가의 의견이 진실을 반영하지 않는다는 사실을 알고 있다. 그들의 주장은 단지 그들의 관점일 뿐이다.

당신은 당신이라는 삶의 이야기를 만들어가는 창조자라는 사실을 기억해야 한다. 당신이 만일 흠결 없는 언어를 사용하게 된다면, 그 뒤로는 그저 자신을 위해 전개될 이야기를 상상하기만 하면 된다. 당신은 자신에게로 향하는 진실과 사랑의 언어를 구사하게 될 것이다. 당신은 모든 생각과 행위와 언어들 속에 당신의 진심을 담아 자신을 설명하고자 할 것이며, 당신의 삶에 대한 이야기를 진술하고자 할 것이다. 그렇게 된다면 어떤 일이 벌어질지 상상해 보라. 진정으로 아름다운 삶이 펼쳐질 것이다. 다시 말해 당신은 행복을 누리게 될 것이다.

이처럼 언어에 흠결이 없다는 것은 일상적인 의미보다 훨씬 깊은 뜻을 담고 있다. 언어는 순수한 마법과도 같은 존재여서 당신이 첫 번째 지혜를 받아들인다면 당신의 삶에도 마법 같은 일이 벌어질 것이다. 당신의 의지와 욕망이 순항하기 시작할 것이다. 장애물이 사라지고 두려움이 없어지며 오직 사랑만이 함께할 것이다. 당신은 평온의 한가운데에서 모든 것에 자유롭고 충만한 삶을 영위하게 된다. 이 한 가지 지혜만으로도 당신은 당신의 삶을 개인의 천국으로 변화시킬 수 있다. 어떤 언어를 어떻게 사용하는지 언제나 고심하여 종국에는 **당신의 언어와 더불어 완전무결한 사람이 되어야 한다.**

두 번째 지혜

: 어떤 것도 개인의 잘못으로
받아들이지 마라

왜곡된 가상현실에서
벗어나야 한다

세상에 태어날 때 우리의 마음은 상징을 가지고 있지 않았다. 하지만 우리는 두뇌가 있고 눈이 있다. 우리의 뇌는 벌써 빛을 통해 세상의 이미지를 포착하고 있다. 우리가 빛을 인식하기 시작하면 점차 빛에 익숙해진다. 빛에 반응하는 두뇌의 활동은 우리의 상상력 속에서, 그리고 우리의 마음속에서 끊임없이 활성화된다. 우리는 **꿈을 꾸고 있다.** 톨텍의 관점에서 보면 인간의 뇌는 하루 24시간 꿈을 꾸도록 만들어졌다. 우리의 인생 전체는 한 편의 꿈이라고 할 수 있다.

우리의 뇌는 깨어 있을 때 일정한 법칙에 부합하는 물리적 한계 내에서 작용한다. 하지만 뇌가 잠들어 있을 때 그러한 한계는 사라지고 꿈은 끊임없이 변화한다. 심지어 깨어 있을 때에도 백일몽을 꾸는 경우라면 그 꿈은 모든 경계를 넘나든다. 상상력은 너무나 강력해서 우리를 헤아릴 수 없이 많은 곳으로 인도한다. 상상 속에서 우리는 타인이 보지 못하는 것을 보고 타인이 듣지 못하는 것을 듣는다. 경우에 따라서 타인이 듣는 것을 듣지 못할 수도 있다. 상상은 우리가 보는 이미지가 움직이게끔 하지만 그 이미지는 우리의 마음속에, 그리고 우리의 꿈속에만 존재한다.

세상에는 빛이 있고 이미지가 있으며 상상과 꿈이 펼쳐진다. 당신은 지금 꿈을 꾸고 있으며 이를 쉽게 확인할 수도 있다. 당신은 어쩌면 당신의 마음이 항상 꿈을 꾸고 있다는 사실을 눈치채지 못했을 것이다. 하지만 상상력을 동원하여 잠시만 생각해 본다면 내가 설명하고자 하는 바를 이해할 수 있을 것이다. 당신이 거울 속을 들여다보고 있다고 상상해 보자. 거울에는 사물의 전체가 보이지만 사실 그것은 실재의 반영일 뿐이라는 것을 알고 있다. 그것은 사실인 것처럼 보이고 진실인 것처럼 느껴지지만 그것은 사실도, 진실도 아니다. 거울 안의 물체를 만지려고 한다면 손에 닿는 것은 거울의 표면뿐이다.

거울의 안쪽에 보이는 것들은 실재가 반영된 이미지들이며 그 이미지들은 **가상**의 현실이다. 그것은 꿈과도 같다. 그리고 그것은 인간의 뇌가 깨어 있는 상태에서 꾸는 꿈과 정확히 같은 방식으로 작용한다. 거울 속에 나타나는 이미지는 당신의 눈과 두뇌가 창조한 두뇌 속 현실과 다를 바가 없다. 마음속에 창조한 당신 세계의 **이미지**는 당신이 어떻게 현실을 인식하는지를 나타낸다. 똑같은 거울로 보더라도 개가 보는 것은 개의 뇌가 세상을 인식한 모습이고, 독수리가 보는 것은 독수리의 뇌가 세상을 인식한 모습이다. 당신이 인식한 세상 또한 다르다.

이제 거울 대신 자신의 눈을 들여다본다고 생각해 보자. 눈은 눈 밖에 존재하는 수백만 개의 물체에서 반사되는 빛을 인식한다. 태양은 온 세상에 빛을 보내고 물체들은 그 빛을 반사한다. 수십억 개의 광선이 온갖 곳에서 나와서 눈으로 유입되고, 눈에서 물체의 이미지들을 구성한다. 당신은 눈앞의 물체들을 보고 있다고 생각하지만 실제로 보고 있는 것은 눈에 유입된 빛뿐이다.

거울에 세상이 반영되듯 당신의 인식체계에도 세상이 반영된다. 하지만 둘 사이에는 중요한 차이가 존재한다. 거울 뒤에는 아무것도 존재하지 않지만 당신의 눈 뒤에는 세상을 이해하고자 하는 두뇌가 존재한다. 당신의 두뇌는 당신이 인식한 모든 것을 해석한다. 당신이 세상의 모든 기호들에 부여한 의미에 따라, 당신이 사용하는 언어의 구조를 매개로, 당신의 마음속에 새긴 지식에 의거하여 해석한다. 당신이 인식한 모든 것은 당신의 총체적인 신념체계를 통해 재구성된다. 당신이 믿는 모든 것을 동원하여 당신이 인식하는 모든 것을 해석한 결과는 당신 자신만의 꿈이다. 이것이 당신의 마음속에 하나의 가상현실이 만들어지는 과정이다.

인간이 인식한 것을 왜곡하는 게 얼마나 쉬운지 아마 당신은 잘 알고 있을 것이다. 빛은 실재하는 것의 완벽한 이미지를 재현하지만, 우리는 우리가 아는 모든 기호와 거기에 투영된 관념을 토대로 이야기를 만들어 이미지를 왜곡한다. 우리는 상상의 작용을 통해 꿈꾸고 타인과 합의를 이루며 그것이 절대적인 진리라고 믿는다. 하지만 부인할 수 없는 진실은 우리의 꿈이 상대적인 진실이라는 것이고, 습득한 지식에 의해 항상 왜곡되는 진실을 **반영**한다는 것이다.

인류의 스승들은 한결같이 마음이 곧 하나의 세계라고 주장했으며, 그것은 옳은 말이다. 우리가 바깥에 있다고 생각하는 세계가 실제로는 우리의 **내부**에 존재한다. 모든 것은 우리의 상상 속 **이미지**일 뿐이다. 그것은 **꿈**이다. 우리는 끊임없이 꿈을 꾸고 있다. 이러한 이야기는 멕시코의 톨텍뿐 아니라 그리스와 로마, 인도, 이집트 등지에서도 수 세기 동안 전해오고 있다. 전 세계의 수많은 사람들이 '인생은 꿈이다'라고 말해왔다. 여기서 중요한 문제는 '우리가 이 사실을 알고 있느냐'다.

우리가 만일 마음이 항상 꿈꾸고 있다는 사실을 인식하지 못한다면 삶의 과정에 만나는 모든 고통에 대해, 그리고 꿈이 왜곡되는 현실에 대해 주변 사람들은 물론 세상 모든 것들을 원망의 대상으로 바라보게 된다. 우리가 만일 각자가 스스로 창조하는 꿈속에서 살고 있다는 사실을 인식한다면 우리는 자신의 창조물들을 더욱 진지하게 다루게 될 것이다. 그렇게 된다면 우리는 자신의 삶을 진전시키는 큰 걸음을 내디딜 수 있다. 우리의 마음이 항상 꿈꾸고 있다는 것은 우리가 어떤 일에 만족하지 못할 때 언제든지 새로운 꿈을 꿀 수 있다는 것을 의미한다.

당신의 인생을 꿈꾸는 사람은 누구인가? 당신 자신이다. 당신의 삶이 마음에 들지 않는다면, 혹은 당신에 대한 생각들이 마음에 들지 않는다면 그것을 바꿀 수 있는 사람은 오로지 당신뿐이다. 당신의 삶이고 당신의 꿈이기 때문이다. 당신이 자신의 꿈을 즐기고 있다면 그것은 매우 훌륭한 일이다. 그렇다면 매 순간을 즐기면 된다. 반대로 당신의 꿈이 악몽과도 같아서 온갖 사건과 고통이 일상을 괴롭혀 당신의 창조물을 즐길 수 없다고 해도 당신은 그 상황을 바꿀 수 있다. 나는 당신도 이것을 알고 있을 거라 확신한다. 다양한 관점을 가진 수백만 명의 꿈꾸는 사람들이 집필한 수백만 권의 책만 봐도 알 수 있다. 당신의 이야기는 그 어떤 책에 비할 수 없을 만큼 흥미로운데, 시시각각 이야기 전개가 달라지기 때문에 더욱 그러하다. 열 살 때 꿈꾸는 모습은 열다섯 살 때와 스무 살 때, 서른 살이나 마흔 살 때 꿈꾸는 모습과 완전히 다르다. 당신이 오늘 꾸는 꿈은 어제는 물론 30분 전에 꾼 꿈과도 같은 모습이 아니다. 당신이 누군가에게 이야기를 할 때 상대방이 누군가에 따라, 당시의 신체적· 정서적 상태에 따라, 혹은 당시 가졌던 신념에 따라 내용과 형식이 달라진다. 심지어 같은 이야기를 한다고 해도 당신의 이야기는 언제나 달라진다.

어느 순간 당신은 깨닫게 된다. 모든 것은 이야기일 뿐이며 현실이 아닌 가상의 현실이라는 것을. 모두 꿈일 뿐이다. 모든 인간이 동시에 꿈을 꾸고 있기 때문에 모두가 공유하는 꿈이다. 인류 공통의 꿈이자 **지구라는 행성의 꿈**이다. 그것은 당신이 태어나기 전부터 존재했다. 당신이 당신의 예술과 당신의 이야기를 창조할 수 있었던 것도 그 때문이다.

두 번째 지혜

어떤 것도 개인의 문제로 받아들이지 마라

Don't Take Anything Personally

우리는 모든 것이 꿈이라는 사실을 깨닫고 스스로 가진 상상의 힘을 통해 각자의 꿈을 창조해야 한다. 거대한 쇼핑몰에 서있다

고 상상해 보자. 그곳에는 수백 개의 상영관을 가진 영화관이 있다. 상영 중인 영화들을 살피기 위해 목록을 확인하던 중 주인공 이름에 당신의 이름이 적혀 있는 영화를 발견한다. 얼마나 놀라운 일인가! 상영관 안으로 들어가니 관객은 오직 한 명뿐이고 좌석들은 텅텅 비어 있다. 관람에 방해가 되지 않기 위해 당신은 아주 조용히 그 유일한 관객 뒤에 자리를 잡는다. 그 사람은 당신이 입장한 것을 알아차리지 못한 채 영화에 몰입해 있다. 스크린을 본 당신은 소스라치게 놀란다! 등장하는 인물들이 모두 당신이 아는 이들이다. 당신의 어머니, 아버지, 형제자매, 사랑하는 아이들, 친구들이다. 그리고 마침내 영화의 주인공이 등장하는데 그것은 바로 당신이다! 영화의 주인공이 당신이고 영화의 이야기는 당신의 삶이다. 당신의 눈앞에 있는 사람이 당신이다. 영화 속에서 연기를 하고 있는 당신을 보고 있는 유일한 관객도 당신이다. 주연 배우는 당신이 당신이라고 믿는 그 사람이며, 조연 배우들도 마찬가지다. 당신은 당신의 이야기에 매우 익숙하다. 한동안 자리를 지키던 당신은 영화의 장면들이 다소 부담스러워 다른 상영관을 찾기로 한다.

새로 입장한 상영관에는 한 여성이 영화를 보고 있는데, 그녀 역시 당신이 옆자리에 앉는데도 눈치채지 못한다. 당신은 영화를 관람하기 시작하고 인물들이 모두 등장하지만 계속해서 보이는 것은 당신이 아닌 조연 배우들뿐이다. 알고 보니 이야기는 당신 어머니의 인생이다. 몰입하여 영화를 관람하고 있는 사람도 당신의 어머니다. 당신은 이내 극중 어머니가 당신이 아는 어머니와 같은 사람이 아니라는 사실을 깨닫는다. 어머니가 영화에서 자신을 투영한 모습은 매우 낯설었다. 어머니는 모든 사람들이 자신을 알아주기를 바라는 모습으로 행동했다. 그것은 어머니의 본래 모습이 아니라는 것을 당신은 알고 있다. 어머니는 연기를 하고 있었다. 당신은 그것이 어머니가 **어머니 자신**을 인식한 모습이었다는 것을 알게 된다. 다소 충격적이었다.

당신은 이내 당신의 얼굴을 가지고 당신의 역할을 하는 어머니의 영화 속 아들이 당신이 주인공이었던 이전 영화에 등장했던 사람과 같은 사람이 아니라는 사실을 깨닫는다. 당신은 스스로에게 '아니, 저 사람은 내가 아니잖아'라고 말하지만, 그제야 당신은 어머니가 당신을 어떻게 인식하고 있는지, 그녀가 당신에게 어떤 믿음을 가졌는지 알게 된다. 그것은 당신이 스스로에 대해 알고 있던 사실들과 매우 달랐다. 영화를 관람하면서 어머니가 인식하는 아버지의 모습을 보게 되지만, 그것은 당신이 알고 있는 아버지의 모습과도 전혀 달랐다. 아버지의 성격은 완전히 왜곡되었고, 다른 사람들 또한 마찬가지로 왜곡되어 있었다. 당신은 어머니가 아버지를 바라보는 모습을 지켜보고 나니 약간의 불편한 마음이 생긴다. '어떻게 어머니가 저러실 수가!' 당신은 자리에서 벌떡 일어나

밖으로 나가버린다.

　당신은 다른 상영관으로 자리를 옮긴다. 그곳에서는 당신이 사랑하는 배우자가 주인공인 이야기가 펼쳐진다. 그리고 그 사랑하는 사람이 당신을 어떻게 생각하는지를 목도한다. 그 사람의 모습은 당신이 주인공인 영화나 어머니가 주인공인 영화에서의 모습과 전혀 다르다. 당신은 당신이 사랑하는 그 사람이 당신의 아이와 가족과 친구들을 어떻게 생각하는지 알게 된다. 그 사랑하는 사람이 자기 자신과 당신에 대해 생각하는 바는 당신이 기대하던 모습이 전혀 아니다. 잠시 후 상영관을 벗어나 자녀가 주인공인 상영관으로 입장한다. 당신은 아이들이 당신과 할아버지와 할머니를 어떻게 생각하는지 목격했지만 이를 믿을 수 없었다. 형제자매와 친구들이 주인공인 영화도 차례로 관람했지만 등장인물의 성격은 한결같이 왜곡되어 있었다.

　모든 영화를 관람한 뒤 첫 번째 상영관으로 돌아가서 당신이 주인공인 영화를 다시 한번 보기로 결심한다. 당신은 영화 속에서 연기에 몰두하고 있는 자신을 바라보면서 더 이상 당신이 보는 것만이 진실이라고 생각할 수 없게 되었다. 당신은 더 이상 영화의 이야기들을 객관적인 사실로 믿지 않는다. 모든 것은 단지 하나의 이야기일 뿐이라는 것이 분명해졌기 때문이다. 이제 당신은 깨닫는다. 세상 누구도 당신이 원하는 모습으로 살아가지 않으며, 당신이 영위하는 일생의 삶 또한 누군가에게는 아무런 의미도 가지지 않을 수 있다는 사실을. 그리고 당신의 영화에서 일어나는 모든 사건들을 주변의 어느 누구도 눈치채지 못한다는 사실을. 사람들은 누구나 자기 자신이 주인공인 영화에 몰입해 있을 뿐이다. 심지어 사람들은 당신이 바로 옆에 앉아 있을 때조차도 이를 인지하지 못한다. 배우들은 자신의 이야기에 전적으로 몰입한 채 그것이 자신이 살아가는 유일한 현실이라고 생각한다. 그들이 관심을 가지는 대상은 자신이 스스로 창조한 현실들뿐이며, 심지어 자신의 영화를 관람하고 있는 자기 자신조차 인지하지 못한다.

이제는 모든 것이 이전과 달라졌다. 당신은 세상에서 어떤 일이 벌어지고 있는지 알게 되었고 이전에 가졌던 어떤 생각도 고수할 수 없게 되었다. 사람들은 자신의 세계에서, 자신의 영화에서, 자신의 이야기 속에서 살아가고 있을 뿐이다. 사람들은 자신의 삶만을 맹신하고 있고 그 삶은 그들에게 진실일 것이다. 하지만 그들의 상대적인 진실이 당신에게도 진실이 되는 것은 아니다. 이제 당신은 사람들이 당신에게 하는 이야기들이 사실은 당신의 영화가 아닌 그들 자신의 영화에 등장하는 인물에게 하는 이야기라는 사실을 깨닫는다. 사람들이 당신의 이름을 가진 그 사람을 판단하는 것은 그들 자신이 만든 인물을 판단하는 것이다. 그들이 당신에 대해 생각하는 것은 실재하는 당신이 아닌, 당신에 대해 가지고 있는 그들 스스로의 **이미지**다.

　이제야 맞닥뜨리는 진실은, 당신이 가장 사랑하는 사람도 당신을 잘 알지 못하고 당신도 그 사람을 잘 알지 못한다는 사실이다. 당신이 그 사람에 대해 아는 유일한 진실은 당신이 그 사람의 존재를 믿는다는 것이다. 당신이 알고 있는 것은 당신이 그들이라고 믿는 이미지뿐이며 그 이미지조차 실재하는 그 사람과 관련이 없다. 당신은 스스로 부모와 배우자, 자녀, 친구들에 대해 매우 잘 알고 있다고 생각했다. 하지만 이제 깨닫는 진실은 그들의 세계에서 벌어지고 있는 일들을 당신은 알지 못한다는 것이다. 그들이 무슨 생각을 하는지, 그들이 어떤 감정을 가지고 있는지, 그들이 어떤 꿈을 꾸고 있는지 말이다. 놀라운 일은 당신이 **당신 자신**을 잘 안다고 생각했다는 사실이었다. 하지만 도달한 결론은 당신은 당신 자신을 잘 알지 못한다는 것이다. 오랫동안 연기를 해온 탓에 극중 인물에 너무 익숙해졌기 때문이다.

　이러한 깨달음에 이른 당신은 "내가 사랑하는 사람이 나를 이해하려 하지 않아. 아무도 나를 이해해 주지 못해"라는 불평이 매우 부질없는 일이라고 생각하게 된다. 누구도 당신을 이해할 수 없다. 심지어 당신도 당신 자신을 이해할 수 없다. 당신의 성격이라는 것도 주어진 역할에 따라, 상황과 등장인물들에 따라, 어느 시점에 가졌던 생각의 방식에 따라 시시각각 변화한다. 당신은 집에 머물 때 일정한 성품을 가진다. 하지만 직장에서는 전혀 다른 모습을 보일 수 있다. 여자 친구와 함께 있는 당신은 남자 친구들과 어울리는 당신과 전혀 다른 모습을 보일 수 있다. 하지만 당신은 평생 주변 사람들을 너무도 잘 안다고 생각했고 그들이 당신의 기대와 다르게 움직이면 그 상황을 자신의 영역으로 끌어들여 사사로이 화를 냈고, 독이 든 언어를 사용하여 불필요한 갈등과 상황을 만들어냈다.

　이제 당신은 인간 세상에서 왜 그토록 많은 갈등이 벌어지는지를 쉽게 이해할 수 있다. 이 세상은 각각의 사람들이 저마다의 세상에서 각자의 꿈을 꾸고 있다는 사실을 알지 못하는 수십억의 몽상가들로 가득하다. 그들은 자신이 주인공인 유일한 세계관을 가지고 살아가며 모든 것을 **오로지** 그 관점에 의지할 뿐이다. 다른 배우가 전혀 다른 관점을 이야기하면 화를 낼 뿐 타인의 세계관을 허용하려 하지 않는다. 자신이 원하는 대로 조연 배우가 움직이기를 바라고 그렇지 않으면 마음의 상처를 받기도 한다. 그들은 **모든 것**을 개인적으로 해석해 받아들인다. 이러한 점을 인지한다면 당신은 매우 간단하고 논리적인 해결책 또한 마련할 수 있다. '**어떤 것도 개인의 잘못으로 받아들이지 마라**'가 내가 찾은 해답이다.

　이제 두 번째 지혜의 의미가 분명하고 절실히 다가올 것이다. 이 지혜는 당신의 영화에서 당신이 조연 배우들과 상호작용을 할 때 훌륭한 참조점을 제공한다. 당신은 다른 사람들이 생각하는 당신의 모습에 연연할 필요가 없다. 사람들이 당신에 대해 말하거나 취하는 행위들이 실상 아무것도 아니라는 것을 알게 된다면, 누군가 당신을 험담하고 비난하고 배척하고 당신의 관점에 동의하지 않는다고 해도 그것에 큰 의미를 두지 않게 된다. 어떤 험담도 당신에게 영향을 미치지 못하며, 심지어 당신이 당신의 생각을 유지하는 데 방해조차 되지 않는다. 개가 짖는다면 그냥 내버려 두면 된다. 설사 개가 짖고 또 짖는다고 해도 그뿐 아닌가? 사람들이 어떤 말을 하든 당신에게 영향을 미치지 않는다. 당신은 그들의 이야기와 감정의 독에 면역력을 가졌기 때문이다. 이제 당신은 험담을 하며 타인에게 상처를 주거나 타인에게 해를 가하여 스스로를 망치는 모든 가해자들에 대해 면역력을 가졌다.

어떤 것도 개인의 잘못으로 받아들이지 말라는 말은 사람과 사람이 마주하여 소통하는 데 있어서도 매우 아름다운 지침이 된다. 또한 주변 사람들의 의견에 따라 스스로의 삶을 통제할 필요가 없어지기 때문에 개인에게 더 큰 자유를 선사하는 안내자가 된다. 이 진리가 당신을 자유롭게 할 것이다! 당신의 모든 행위가 당신이 아닌 사람들과 아무런 관련이 없다는 것을 안다면 당신은 무엇이든 당신이 원하는 일을 할 수 있다. 당신의 이야기에 관심을 가져야 할 유일한 사람이 있다면 그것은 **당신** 자신이다. 이러한 인식이 모든 것을 변화시킨다. 진리를 자각하는 일은 자아 완성의 첫 단계이며, 지금 이 순간 당신이 이를 행하는 중이라는 사실을 기억해야 한다. 당신은 지금 진리를 깨우치는 중이다.

당신은 이제 진실을 이해하고 인식할 수 있다. 이제 어떻게 세상의 모든 일들을 개인의 잘못으로 받아들일 수 있을까? 모든 인간이 자신의 세계 속에서, 자신의 영화 속에서, 또 자신의 꿈 속에서 살아간다는 사실을 이해할 때 두 번째 지혜는 분명한 상식이 된다. **어떤 것도 개인의 잘못으로 받아들이지 마라.**

세 번째 지혜

: 함부로 추측하지 마라

갈등은 '거짓'을 믿는
마음에서 시작된다

———————   수 세기 동안, 심지어 수천 년 동안 인간은 마음속에 선과 악이라는 상반된 존재가 갈등을 일으킨다고 믿었다. 하지만 그것은 사실이 아니다. 선과 악의 갈등은 결과일 뿐, 진정한 의미에서의 갈등은 진실과 거짓 사이에 놓여 있다. 진실에는 갈등이 개입할 여지가 없기 때문에 **모든** 갈등은 거짓의 결과라는 사실을 부인해서는 안 된다. 진실은 스스로를 증명할 필요가 없으며, 그것은 우리가 믿든 믿지 않든 존재한다. 거짓은 우리가 만들어낼 때만 존재하고, 우리가 그것을 믿을 때만 유지된다. 거짓은 단어의 왜곡이며 메시지에 담긴 의미의 왜곡이다. 그 왜곡은 인간의 마음이 그러하듯 믿음이 반영되어 나타난다. 거짓은 실재가 아닌 우리가

창조한 존재다. 하지만 우리는 거짓에 생명을 불어넣고 마음속 가상현실을 실재하는 현실로 만든다.

내가 십대였을 때 할아버지께서 이 단순한 진리를 말씀해주셨다. 하지만 나는 언제나 "우리가 어떻게 진리를 알 수 있을까요?"라고 물었기 때문에, 그 말씀을 이해하는 데 오랜 시간이 걸렸다. 나는 진실을 이해하기 위해 기호들을 활용했지만, 실상 기호라는 것은 진실에 대해 아무것도 말할 수 없다. 진실은 인간이 기호들을 창조하기 전부터 존재했다. 우리는 저마다의 예술가지만, 우리가 표현하는 상징들은 왜곡되기 쉽다. 하지만 중요한 건 왜곡이 아니다. 앞에서 언급한 것처럼 우리가 왜곡된 진실을 **믿는** 행위가 가장 큰 문제다. 어떤 거짓말은 결백하고, 어떤 거짓말은 치명적으로 해롭기 때문이다.

의자가 하나 있다고 가정하자. 그리고 사람들이 언어를 사용해 어떻게 이야기를 덧붙이고 **미신**을 만들어내는지 생각해 보자. 의자에 대해 우리가 알고 있는 것은 무엇인가? 나무, 금속, 헝겊 등으로 만들어진 어떤 물건이라고 답할 수 있을 것이다. 하지만 우리는 한 가지 설명을 위해 기호들을 사용하고 있을 뿐, 그 물체가 정말로 무엇인지는 누구도 알 수 없다. 하지만 우리는 우리 자신을 포함하여 사람들에게 일정한 메시지를 전달하기 위해 모두에게 권위가 인정된 단어들을 사용한다. 그리고 이렇게 말한다. "이 의자는 못생겼어. 난 이 의자가 싫어."

메시지는 이미 왜곡의 과정을 거쳤지만 이것은 시작에 불과하다. 심지어 이렇게 말하는 사람도 있을지 모른다. "바보같이 생긴 의자네. 이 의자에 앉는 사람도 바보가 될 것 같아. 누군가가 이 의자에 앉으면 부서질 거고, 그럼 그 사람은 엉덩이를 다칠 것이 분명하니까 저 의자는 부숴버려야 해. 그래, 저 의자는 사악한 물건이야! 의자를 규제하는 법부터 만들어야 한다고. 의자가 인간에 해악을 끼친다는 사실을 모든 사람이 알 수 있게 말이야. 지금부터 저 사악한 의자에 접근하는 걸 막아야겠어."

만일 우리가 이러한 메시지를 전달하면 이를 전해 받고 거기에 동의하는 사람은 누구든 사악한 의자를 두려워하기 시작할 것이다. 의자가 두려워 악몽을 꾸기 시작하는 사람들도 생겨날 것이다. 사람들은 그 사악한 의자를 편견 가득한 눈으로 바라보게 될 것이며, 의자가 사람들을 해치기 전에 자신들이 먼저 의자를 제거해야 한다고 생각할 것이다.

이제 언어만을 사용하여 어떤 일을 할 수 있는지 알게 됐을 것이다. 의자는 단지 하나의 물체일 뿐이고 그 자체로 존재할 뿐이다. 그것은 진실이다. 하지만 우리가 의자를 두고 만들어낸 이야기는 진실이 아니다. 그것은 미신이다. 그것은 왜곡된 메시지이고 왜곡된 메시지는 거짓이다. 우리가 만일 그 거짓을 믿지 않으면 아무것도 문제되지 않는다. 하지만 만일 거짓말을 믿고 다른 사람들에게도 그 거짓말을 믿도록 강요한다면 그것은 **악**惡이라고 부르는 행위가 될 수 있다. **악**이라고 부르는 것은 개인의 영향력에 따라 여러 수준으로 구분된다. 어떤 사람은 거대한 전쟁을 일으켜 수백만 명을 죽음으로 내몬다. 거짓을 신봉하는 어떤 폭군들은 다른 나라를 침공하고 국민들을 학살한다.

　이제 우리는 인간의 마음속에 갈등이 생겨나는 이유를 쉽게 이해할 수 있다. 가상현실은 자연에 존재하지 않는 현상으로 오로지 **인간의 마음속**에서만 생겨난다. 그리고 세상에는 자신의 머릿속에 담긴 기호들을 왜곡하고 그 왜곡된 메시지를 타인에게 전달하는 수십억 명의 인간들이 살아간다. 이것이 인간 세상에서 벌어지고 있는 실제 모습이다. 세상에 전쟁이 존재하는 이유이며, 모든 불의와 착취가 존재하는 이유이며, 우리가 지옥이라고 부르는 꿈들이 존재하는 이유이자 답이라고 생각한다. 지옥은 거짓으로 가득한 꿈일 뿐이다.

　우리의 꿈은 우리가 믿는 것에 의해 형성되며 우리가 믿는 것은 진실일 수도 있고 가상일 수도 있다는 점을 기억해야 한다. 진실은 우리를 진정성으로 이끌고 행복으로 안내한다. 거짓은 우리를 분열시키고 고통과 비극으로 안내한다. 진리를 믿는 자는 천국에 거하지만, 거짓을 믿는 자는 지옥에 떨어진다. 우리는 사망한 이후에만 천국이나 지옥에 도착하는 것이 아니다. 천국은 우리 주변에 얼마든지 있으며 지옥도 우리 주변에 널려 있다. 천국은 하나의 관점이자 마음의 상태다. 그것은 지옥도 마찬가지다. 우리의 머릿속 세상에도 거짓이 넘쳐난다는 것은 부인할 수 없는 사실이다. 인간은 거짓을 창조하고, 거짓은 인간을 지배한다. 하지만 결국에는 진실이 도래하며 거짓은 진실 앞에서 흔적을 감추게 된다.

수백 년 전 사람들은 지구가 평평하다고 믿었다. 심지어 코끼리가 대지를 지탱하고 있기 때문에 든든하다며 "지구가 평평하다는 사실은 누구나 알고 있지요"라고 말하던 사람들도 많았다. 지구가 평평하다는 믿음은 진실로 공인되었고 거의 모든 사람들이 동의했다. 하지만 그렇다고 해서 그것이 사실이 되었을까? 지금을 사는 우리는 지구가 평평하지 않다는 사실을 알고 있다.

오늘날 우리가 흔히 듣는 말 가운데 가장 큰 거짓 중 하나는 '누구도 완벽하지 않다'는 것이다. 이는 우리가 자신의 행위를 변명하는 그럴듯한 구실이면서 동시에 모든 사람들이 수긍하지 않을 수 없는 대명제와도 같은 말이다. 하지만 그것은 사실일까? 사실은 전혀 그렇지 않다. 이 세상에 태어난 모든 인간은 완벽하지만 우리는 어렸을 때부터 이러한 거짓말을 들으며 자랐다. 결과적으로 우리는 자신의 **온전한 모습**을 훼손하는 판단을 지속해 온 것이다. 우리는 계속해서 완벽함을 추구했고, 많은 연구를 통해 인간을 제외한 우주의 모든 것이 완벽하다는 사실을 발견한다. 태양도 완벽하고 별들도 완벽하고 행성들도 완벽하지만, 오로지 인간에 대해 논할 때만은 '누구도 완벽하지 않다'라고 말한다. 하지만 진실은 이것이다. **인간을 포함하여 창조된 모든 것은 완벽하다.**

만일 우리가 이러한 진실을 깨닫지 못한다면 그것은 우리의 눈이 거짓에 가로막혔기 때문이다. 당신은 이렇게 반문할 수 있다. "신체에 장애가 있는 사람은 어떤가요? 그 사람도 완벽하다고 할 수 있나요?" 물론 당신이 알고 있는 것에 따르면, 그 사람은 흠을 가지고 있다. 하지만 당신이 아는 것이 진실일까? 우리가 **장애**나 **질병**이라고 부르는 것 때문에 완벽하지 않다고 누가 말할 수 있을까?

우리의 모든 것은 완벽하다. 누군가 가질 수 있는 장애나 질병도 마찬가지다. 배우는 것에 서툰 사람도 완벽하다. 손가락이나 팔이 없이 태어난 사람도 완벽하다. 질병을 가지고 태어난 사람도 완벽하다. 오직 완벽함만이 존재할 뿐이다. 이러한 사실을 깨닫는 것은 우리가 인식의 진화를 이루는 데 있어서 또 다른 중요한 단계다. 완벽하다는 것을 다른 말로 표현하면 '우리가 어떤 존재인가에 대한 자각이 없는 상태'다. 그래서 우리는 스스로가 완벽하다고 말하는 것만으로는 충분하지 않다. 스스로가 완벽하다고 **믿어야 한다.** 우리가 스스로 완벽하지 않다고 믿는다면 그 거짓말은 이를 뒷받침하기 위해 더 많은 거짓말을 동원해야 하고, 그렇게 모인 거짓말들은 거대한 굴레가 되어 진실을 억누르고 우리가 창조하는 꿈을 지배한다. 거짓말은 미신에 불과하며 우리는 미신이 범람하는 세상을 살고 있다. 그렇다면 다시 생각해 보자. **우리는 이러한 사실을 알고 있는가?**

당신이 내일 아침에 14세기 유럽의 어느 도시에서 눈을 떴다고 가정해 보자. 그런데 지금 알고 있는 것과 믿고 있는 지식들을 모두 가지고 있다면, 그 시대 사람들이 당신을 어떻게 생각하고, 어떻게 판단할까? 그들은 날마다 목욕을 하는 당신을 재판에 넘길 것이다. 당신이 가진 지식은 그들의 지식을 위협할 것이다. 마녀로 몰려 고발되기까지는 시간이 얼마나 걸릴까? 사람들은 당신을 고문하여 당신이 마녀라는 자백을 받아내려 할 것이다. 그리고 마침내는 당신이 가진 지식에 대한 두려움 때문에 당신의 목숨까지 빼앗으려 할 것이다. 당시의 사람들이 미신이 횡행하던 시대를 살았다는 사실을 당신은 알고 있을 것이다. 그들이 주장했던 것들은 대부분 허황된 이야기였고 이 사실은 당신도 쉽게 알 수 있다. 그러나 당신이 지금 가지고 있는 지식은 그들에게 화근일 뿐이다. 당시의 사람들은 자신들의 믿음이 미신에 불과하다는 사실을 알지 못했으며 자신들의 생활 방식을 전적으로 옳다고 믿었다. 그들은 다른 지식을 배운 적이 없기 때문에 다른 세상을 알 수도 없었다.

그렇다면 당신이 가진 당신 자신에 대한 믿음도 어쩌면 오래

전 사람들이 그랬던 것처럼 미신으로 가득 차 있을지도 모른다. 지금부터 7~8세기가 지난 미래의 세상을 살던 어떤 사람이 지금 세상으로 건너와 우리가 우리 자신에게 가지고 있는 생각들을 들여다본다고 가정해 보자. 우리가 자신의 신체와 소통하는 방식은 700년 전만큼은 아니라고 할지라도 여전히 야만적일 것이다. 우리의 신체는 우리에게 전적으로 충성하지만 우리는 우리의 신체를 함부로 판단하고 있을 것이며 심지어 학대도 서슴지 않을 것이다. 우리는 우리의 혈맹국血盟國을 적대시하고 있는 셈이다. 오늘날 우리 사회는 텔레비전과 영화, 패션 잡지 등 미디어에서 접하는 이미지처럼 타인에게 매력적으로 보여지는 것을 중요하게 생각한다. 만일 우리가 이러한 이미지에 부합하는 충분한 매력을 가지고 있지 않다고 생각한다면, 그것은 우리가 거짓을 믿고 있기 때문이며 진실을 거부하고 우리 자신을 적대시하는 언어를 내면화하고 있기 때문이다.

　미디어를 통제하는 사람들은 우리가 무엇을 믿고, 무엇을 입고, 무엇을 먹을지 알려주며 자신들이 원하는 방식으로 우리를 꼭두각시처럼 조종한다. 우리가 누군가를 미워하기를 원하면 험담을 퍼뜨린다. 그러면 그 거짓의 언어는 마법을 부리기 시작한다. 꼭두각시가 되기를 거부할 때 우리는 우리의 삶이 거짓과 미신에 의해 조종되어 왔다는 사실을 깨닫게 된다. 미래에서 온 사람들이 우리가 가진 미신을 어떻게 생각할지 상상해 보라. 만일 인류가 자신을 포함하여 창조된 모든 것이 완전하다고 믿었다면 누군가가 믿는 신념을 구실로 그 사람을 십자가에 못 박을 수 있었을까?

무엇이 진실이고 무엇이 거짓인가? 강조하건대 이를 통한 자각은 매우 중요하다. 진실은 말이나 지식을 통해 만들어지는 것이 아니다. 하지만 거짓은 그런 방식으로 만들어져 세상을 수많은 지식으로 뒤덮는다. 우리는 허다한 거짓을 믿는다. 자각이 부족하기 때문이다. 우리는 진실을 무시하고 진실을 보지 못한다. 우리는 세상에 길들면서 많은 지식을 축적한다. 하지만 그 지식들은 안개로 둘러싸인 벽과도 같아서 그 **너머에 있는** 진실을 자각하지 못하게 한다. 우리는 보고 싶은 것만 보고, 듣고 싶은 것만 듣는다. 우리의 신념체계는 우리가 믿는 것을 보여주는 거울과도 같다.

우리는 생애 전체를 통해 지식을 쌓으며 수많은 거짓을 배우기 때문에 그 거짓의 총체는 매우 견고하다. 우리는 **생각을 하고** 생각한 그것을 다시 **믿기 때문에** 믿음의 구조는 한층 더 견고해진다. 우리가 믿는 것이 절대적인 진리라고 여기기 때문에, 그 진리가 상대적이라거나 가상의 현실일 수 있다는 생각을 하지 못한다. 이러한 신념은 어떤 종류의 진실과도 가깝지 않지만 자각 없이 얻을 수 있는 가장 손쉬운 지식이다. 이러한 성찰을 통해 우리는 세 번째 지혜에 도달할 수 있다. **함부로 추측하지 말라.**

세 번째 지혜

함부로 추측하지 마라

Don't Make Assumptions

어떤 것을 추측하는 것은 갈등을 부르는 일과도 같다. 추측은 대부분 진실이 아니기 때문이다. 그것들은 소설일 뿐이다. 우리가 만드는 가장 큰 추측은 가상현실의 모든 것이 진실일 거라 믿는 것 이며, 또 다른 흔한 추측은 타인이 창조한 가상현실이 모두 진실이 라는 믿음이다. 당신은 이제 가상현실 속의 어떤 것도 진실이 아니 라는 사실을 알게 되었다.

우리는 자각을 통해 스스로 만든 가상현실을 인식할 수 있고 그것이 얼마나 쉽게 만들어지는지도 알 수 있다. 인간은 상상력이 라는 막강한 힘을 가졌는데, 그것은 너무도 강력해 수많은 생각과 이야기들을 창조해 낼 수 있다. 우리는 누구나 머릿속에 축적한 자 신의 기호들에 귀를 기울인다. 다른 사람들이 무엇을 하는지, 무엇 을 생각하는지, 우리 자신에 대해 어떤 이야기를 하는지 상상하고 그 상상 속에서 자신의 꿈을 만들어낸다. 우리 자신에게만 진실일 뿐인 스스로 창조한 이야기들을 세상의 진실이라고 믿는다. 하나의 추측은 또 다른 추측으로 이어진다. 우리는 성급히 결론을 내리고 그 이야기를 개인적으로 해석한다. 그런 뒤 타인을 비난하고 자신이 추측한 것을 정당화하기 위해 타인을 험담하기 시작한다. 당연한 일이지만 험담함으로써 왜곡된 메시지는 더욱 왜곡된다.

함부로 추측하고 그것을 개인적으로 해석하는 것은 이 세상을 지옥으로 만드는 시발점이 된다. 모든 갈등은 여기에서 시작되는데 그 이유를 이해하기란 어렵지 않다. 추측은 우리가 스스로에게 하는 거짓말일 뿐이다. 어떤 것이 사실인지 아닌지를 쉽게 알 수 없기 때문에 추측은 한 편의 드라마를 만들어내는 것과 같다. 추측은 갈등이 일어나지 않은 상황을 갈등의 상황으로 몰고 가는 일이다. 만일 그 갈등이 다른 사람의 삶에서 벌어지고 있는 일이라면 어떨까? 사실 그것은 괜찮다. 그것은 당신의 인생이 아니다. 그 사람의 인생일 뿐이다.

당신이 당신 자신에게 말하는 것의 대부분이 추측이라는 사실을 잊지 말아야 한다. 부모라면 자녀에 대해 추측하는 일이 얼마나 쉬운지 이해할 것이다. 밤늦은 시간까지 딸이 귀가하지 않고 있다고 예를 들어보자. 당신은 파티에 갔던 딸이 지금쯤 집에 돌아왔어야 한다고 생각한다. 당신은 그때부터 최악의 상황을 상상하기 시작한다. 추측하기 시작한 것이다. 상상할 수 있는 너무나 많은 생각이 떠오르면서 당신은 머릿속에서 하나의 심각한 시나리오를 만들기 시작한다. "딸에게 무슨 일이 생긴 거야. 경찰에 연락해야 할지도 모르겠어." 그리고 10분 후. 딸이 함박웃음을 지으며 귀가한다. 진실이 밝혀지고 모든 거짓들이 사라지면 당신은 아무 이유 없이 스스로를 괴롭히고 있었다는 사실을 깨닫게 된다. 그러니 **추측하지 마라.**

모든 것을 개인적인 잘못으로 받아들이지 않는다면 당신은 타인과의 관계 맺음에 대해 면역을 가질 수 있다. 또 추측하지 않는다면 지식의 목소리를 대하거나 소위 **사유**를 하는 데 있어서 자기 자신과의 관계에 대해 면역을 갖게 된다. 추측하는 것은 생각의 작용이다. 우리는 지나치게 많은 생각을 하고 그 생각은 추측으로 이어진다. '만약에?'라는 의문으로 시작하는 의심만으로도 우리는 자신의 삶에 거대한 드라마를 창조할 수 있다. 우리는 누구나 많은 생각과 의문들 가운데서 살아가는데 그 생각들은 필연적으로 공포를 부른다. 머릿속에서 왜곡되는 그 모든 생각과 상징들을 우리는 통제할 수 없다. 만일 우리가 그러한 생각들을 잠시 멈추고 스스로에게 아무것도 설명하려 하지 않는다면 우리는 어떤 대상도 추측하지 않게 된다.

인간은 세상 모든 것들을 설명하고 정당화하고자 하는 욕구를 가졌다. 그래서 지식이 필요하고 **알고자 하는** 우리의 욕구를 채

우기 위해 추측한다. 지식의 사실 여부는 그다지 신경 쓰지 않는다. 그것이 진실이든 허구든 상관없이 우리는 우리가 믿는 것을 100퍼센트로 믿고 또 믿는다. 그 지식이 있다는 것만으로 우리는 안전하다고 느끼기 때문이다. 우리의 내면에는 스스로의 마음으로 해결되지 않는 무수히도 많은 의문들이 놓여 있다. 그리고 그 의문들에 대한 답을 갈구한다. 그런데 우리는 그 의문에 대한 답을 구하면서 질문을 응시하는 대신 추측을 한다. 만일 우리가 진심으로 질문을 던진다면 추측할 필요가 없다. 질문을 던지고 이를 명확히 해결하는 편이 언제나 옳다.

만일 우리가 추측을 하지 않는다면 우리는 진실이라고 **생각하는** 것이 아닌 진실 자체에 집중할 수 있다. 그렇게 되면 우리가 보고 싶은 인생이 아닌 있는 그대로의 인생을 바라보게 된다. 뒤에서 언급하겠지만 우리가 추측하는 데 힘을 쏟지 않는다면 거기에 소비되었을 믿음의 힘은 우리 자신에게로 돌아온다. 추측하는 데 소모한 모든 힘을 회복한다면 우리는 그 힘을 사용하여 새로운 꿈, 즉 자기 자신의 천국을 만들 수 있다. 그러므로 **추측하지 마라.**

믿음이 가진 힘

산타에게 선물을 받지 못한
나쁜 아이

당신의 삶에도 믿음이 가진 힘을 온전히 소유했던 때가 있었다. 하지만 사회의 구성원이 되고 더 많은 지식을 축적하면서 당신의 믿음은 당신이 배운 기호들 속으로 고스란히 전이되었다. 그리고 어느 시점을 넘어서면서 기호들이 가진 힘이 당신을 압도하기 시작했다. 당신이 실제로 가졌던 믿음의 힘은 당신이 아는 **모든 대상**들 속으로 흩어졌고, 이후 당신이 아는 그 대상들이 당신의 삶을 지배하게 되었다. 명백하게, 어린 시절 우리는 다른 사람들이 가진 믿음의 힘에게 지배를 받았다. 기호가 놀라운 발견이었지만 우리가 물려받은 기호에는 이미 믿음과 관점이 반영되어 있었다. 우리는 사실 여부를 따지지 않고 모든 의견을 그대로 수용했다. 문제는 우리가 성장해 (모두의 의견이 반영된) 언어에 능통하게 되었을 때는 기호들이 이미 믿음의 힘을 가져간 뒤라는 점이다.

이것은 옳고 그름의 문제가 아니다. 그저 세상이 움직이는 방식이며 우리 모두에게 벌어지고 있는 일들이다. 우리는 성장하면서 사회의 일원이 되는 법을 배운다. 언어를 배우고, 종교와 철학을 배우고, 존재하는 방식을 배우며, 주위에서 접하는 모든 것들을 기반으로 하나의 거대한 신념체계를 구성한다. 우리는 사람들이 하는 이야기를 의심 없이 받아들이지만, 그 이야기가 사실이 아니라는 것을 깨닫는 것은 그 믿음을 상쇄할 고통스러운 일들을 경험한 이후다.

학교에 가면 상급생 아이들이 하는 여러 가지 말들을 듣는다. 우리를 가리키며 이렇게 말하기도 한다. "저 꼬마 보이니? 아직도 산타클로스 할아버지가 있다고 믿을 것 같아." 머지않아 우리는 산타클로스 할아버지가 존재하지 않는다는 사실을 알게 된다. 산타클로스 할아버지가 허구였다는 사실을 알고 맨 처음 어떤 **느낌**이 들었는지 기억하는가? 당신의 부모님이 나쁜 의도를 가지고 속였던 건 아닐 것이다. 산타클로스 이야기는 수많은 사람들에게 매우 멋진 전통이다. 어떤 크리스마스 캐럴 가사는 우리가 **산타클로스**로 통칭하는 하나의 상징에 대해 이렇게 설명한다. "조심해야 돼. 울면 안 돼. 짜증 내도 안 돼. 그 이유를 말해줄게. 산타클로스 할아버지가 우리 마을에 오셔!" 가사 속 산타 할아버지는 우리가 어떤 일을 하는지, 어떤 일을 하지 않는지 모두 알고 있다. 또 우리가 나쁜 아이인지 착한 아이인지는 물론, 칫솔질을 얼마나 잘하는지도 알고 있다. 이런 이야기들을 우리는 굳게 **믿었다**.

크리스마스가 되어 아이들이 받는 선물은 저마다 종류가 다르다. 당신이 산타클로스 할아버지에게 자전거를 선물해 달라고 빌었고 일년 내내 착하게 살았다고 가정해 보자. 안타깝게도 당신은 가정 형편이 좋지 못하다. 선물 상자를 열었을 때 보인 것은 자전거가 아니었다. 그런데 옆집 사는 아주 못된 아이(당신은 **아주 못됐다**는 말의 의미를 잘 알고 있다)는 자전거를 선물 받았다. "나는 착한 아이고 저 아이는 나쁜 아이인데 왜 내가 자전거를 받지 못했을까? 만약에 산타 할아버지가 내가 한 일들을 모두 아신다면 저 아이가 한 일도 아실 거야. 그런데 왜 산타 할아버지는 내가 아닌 저 아이에게 자전거를 선물하신 걸까?"

이 상황은 공정하지 않을 뿐 아니라 이해할 수도 없다. 질투와 분노, 심지어 슬픔까지 느껴질 것이다. 당신은 옆집 아이가 매우 즐겁게 자전거를 타는 모습을 보고, 그 아이가 전보다 더 나쁜 행동을 하는 것도 본다. 당신은 가서 그 아이를 때리거나 자전거를 부수고 싶어질지도 모른다. **부당한 일**이 벌어진 것이다. 당신이 느끼는 부당하다는 감정은 당신이 거짓을 믿었기 때문에 발생했다. 물론 산타 할아버지 이야기는 나쁜 의도가 없는 무고한 거짓말이지만 당신은 이를 **믿었다**. 그래서 당신은 스스로에게 다음과 같이 다짐한다. '이제부터 나는 착한 아이가 되지 않을 거야. 옆집 아이처럼 나쁜 아이가 될 거야.' 시간이 흐르고 당신은 산타클로스가 존재하지 않는다는 사실을 알게 될 것이다. 하지만 그때는 너무 늦다. 당신은 이미 감정의 독에 온통 물들어 있다. 당신은 이미 분노와 질투, 슬픔의 감정으로 가득 차 있다. 당신은 거짓에 동의했고 이로 인해 고통을 겪었다.

이것은 우리가 세상의 기호들에 믿음을 투사하는 방식을 보여주는 하나의 예시일 뿐이다. 세상은 우리가 학습하는 수천, 수만 개의 기호와 이야기와 미신들로 가득 차 있다. 산타클로스를 두고 벌어지는 일들은 하나의 기호에 투사된 무고한 거짓말이 사람들의 마음속에 불길과도 같은 감정의 동요를 불러일으킬 수도 있다는 사실을 증명해 보여주고 있다. 그런 감정은 독소처럼 작용한다. 우리의 마음을 상하게 하고 육신을 병들게 한다. 사실이 아닌 이야기로 인해 고통받는다. 반면 우리의 감정은 실재한다. 그래서 감정은 진실의 일부다. 그런데 우리가 감정을 느끼는 '이유'는 실재하지 않는다. 그것은 진실이 아니고 허구일 뿐이다.

만일 당신이 때때로 깊은 절망에 빠지는 이유를 스스로에게 물어본다면, 그것은 당신이 사실이 아닌 이야기를 스스로에게 속삭이고 그것을 믿기 때문이다. 당신의 꿈은 왜곡되어 있고 그것은 부인할 수 없는 사실이다. 하지만 그것은 좋다, 나쁘다, 옳다, 틀리다의 문제로만 판단할 수 없다. 이러한 일은 수십억 명의 사람들에게 공통적으로 나타나는 현상이기 때문이다. 이러한 상황에 처한 사람이 당신만이 아니라는 것이다. 그리고 이것은 좋은 소식일 수 있다.

기호(상징)의 세상은 가공할 힘을 가지고 있다. 우리가 **삶, 신념, 의지** 등으로 부르는 내면 깊은 곳에서 나오는 힘을 통해 기호들에게 막강한 힘을 불어넣기 때문이다. 우리는 이러한 작용을 인지조차 못하지만 세상의 모든 기호들은 우리의 동의를 통해 거대한 체계를 형성한다. 우리는 이것을 **신념체계**라고 부른다. 글자 몇 개가 모여 단어가 되고, 이야기 여러 개가 모여 정교한 철학이 되기도 한다. 우리가 믿기로 동의한 모든 것은 우리의 신념체계의 일부가 된다.

신념체계는 우리의 가상현실에 형태와 구조를 부여한다. 우리가 동의를 더할수록 신념체계는 더욱 튼튼하고 강력해져서 마침내는 견고한 바위성처럼 난공불락이 된다. 만일 기호와 개념과 합의를 벽돌이라고 가정한다면 우리의 믿음은 벽돌들을 접합시키는 모르타르mortar와도 같다. 우리는 평생동안 세상을 배우면서 각각의 기호들을 여러 방식으로 섞는다. 그렇게 만들어진 개념들은 서로

융합하여 더욱 복잡한 개념들을 만들어낸다. 추상적이었던 생각들은 한층 복잡한 방식으로 조직화되고 확장되면서 우리가 지금 알고 있는 전체의 세계를 구성한다.

톨텍은 이와 같은 세계 구성의 원리를 **인간의 형태**human form라고 부른다. 인간의 형태는 물리적인 신체 구조를 말하는 것이 아니라 우리의 마음이 작용하는 원리를 가리키는 것으로 우리 자신, 우리의 꿈을 이해하는 데 도움이 되는 모든 것에 대한 믿음의 구조다. 인간의 형태는 각자에게 정체성을 부여하지만, 그것은 각자가 가진 꿈이라는 틀과 일치하지 않는다. 꿈의 형태는 있는 그대로의 물질 세계이며 진리의 세계다. 인간의 형태는 우리가 세상을 판단하는 모든 요소들이 작용한 신념체계다. 이 신념체계에 속한 모든 것은 각자의 개인적인 진실이다. 그리고 우리는 모든 것을 이 체계 내에서 판단한다. 심지어 그 신념이 자기 자신의 내적인 본성과 배치된다고 해도 말이다.

체계에 길드는 과정에서 체계 내 신념들은 우리 삶을 지배하는 일종의 **율법서**가 된다. 이 율법서의 계율을 준수하면 우리는 스스로에게 보상을 내리고, 계율을 준수하지 않으면 스스로를 처벌한다. 신념체계는 우리 마음속의 재판관이자 동시에 가장 큰 희생자가 된다. 우리를 판단한 다음 우리를 처벌하기 때문이다. 이 심판관은 기호들로 만들어졌으며, 기호들을 동원하여 우리가 인식하는 모든 대상을 심판한다. 심지어 기호들 자신마저 심판한다. 처벌을 받는 대상은 우리의 일부여서 판결을 받아든 우리는 처벌의 고통을 감수해야 한다. 사람들의 수많은 꿈들과 상호작용할 때도 마찬가지다. 우리는 내면에 품고 있는 율법서에 따라 모든 대상과 사람을 판단하고 처벌한다.

재판관은 이러한 작업을 완벽히 수행할 수 있는데, 그것은 우리가 그들의 율법에 전적으로 동의하기 때문이다. 문제는 이 신념체계가 우리 각자의 내면에 정착하여 우리 자신을 대적하는 작용을 한다는 점이다. 그 체계는 우리가 알고 있는 모든 것과 우리가 살아가는 모든 규칙들을 통해 상대방을 대적한다. 그리고 그 상대방은 바로 우리 자신이다. 자신의 언어를 사용하여 스스로를 자기 판단과 자기 거부, 죄책감, 수치감 등으로 대적한다. 언어를 통해 우리를 학대하고 내면에 악마를 들이고 지옥의 꿈을 만들어 스스로 절망하도록 한다. 우리는 도처에 놓인 무수히 많은 기호들을 사용하여 이와 같은 일을 벌인다.

신념체계는 폭군처럼 우리의 삶을 지배한다. 우리의 자유를 빼앗고 우리를 노예로 만든다. 그것은 실재하는 것이 아니면서 실재하는 인간의 삶을 지배한다. 진짜인 우리는 마음 한구석에 숨어 있고, 우리가 믿기로 동의한 우리가 아는 모든 것들이 우리 마음을 지배한다. 아름답고 온전한 인간의 신체는 심판과 처벌의 대상이 되고, 머릿속 속삭임의 지시와 통제를 받는 하나의 꼭두각시로 전락한다.

신념체계는 마음의 영역에 속한다. 우리는 그것을 볼 수도 없고 재단할 수도 없지만 그것이 존재한다는 것을 안다. 사람들이 잘 알지 못하는 것은 그 신념체계가 우리 스스로 창조했기 때문에 존재한다는 점일 것이다. 우리가 창조한 그 모든 것들은 우리의 삶에 온전히 고착되어 우리가 가는 곳 어디든 함께한다. 이러한 삶을 오랫동안 살아가고 있는 우리는 삶이 이러한 원리 가운데 이루어진다는 사실조차 인식하지 못한다. 마음은 가상일 뿐이고 실재하지 않지만, 우리 각자가 만든 창조물이기 때문에 하나의 온전한 힘이 되기도 한다.

그렇다면 자신의 앎을 완성하는 과정에서 가장 중요한 것은 스스로 만든 창조물들과 그것들이 가진 실질적인 힘을 깨닫는 일이다. 하나의 글자와 짝지어진 발음 소리부터 심오한 철학에 이르기까지, 우리가 가진 모든 신념은 생존을 위한 에너지로 사용된다. 우리가 마음이 작용하는 모습을 볼 수 있다면 수없이 많은 일상의 모습들을 관찰할 수 있을 것이다. 그리고 우리가 그 일상의 창조물들에 관심과 믿음을 부여하여 생명을 불어넣고 있다는 사실도 알게 될 것이다. 우리는 자신의 삶을 세상이 작동하는 이러한 원리에 투사하고 있으며, 실제로 세상은 사람들이 투사한 믿음을 통해 유지

된다. 우리 각자가 존재하지 않으면 이러한 원리는 작동할 수 없고, 우리 각자가 존재하지 않으면 세상의 전체 구조는 붕괴될 것이다.

만일 우리가 상상의 힘을 주의 깊게 관찰한다면 '개인의 신화 personal mythology'가 창조되어 한 사람의 신념체계가 구축되는 모습을 볼 수 있을 것이고, 거짓에 우리 믿음을 세우기 시작하는 현상도 목격할 수 있을 것이다. 이러한 체제 건설과 체제 학습의 과정에는 상호 모순되는 개념들도 무수히 존재한다. 우리가 꾸는 꿈은 매우 다양하고, 꿈을 이루기 위해 갖게 되는 관점들도 무수히 많기 때문이다. 그리고 그 과정에서 서로 충돌하거나 서로의 힘을 무력화시키는 생각들도 나타난다. 그럴 때 우리의 언어는 아무런 힘을 발휘할 수 없다. 두 힘이 반대 방향으로 치달아 힘의 총량이 0이 되기 때문이다. 하나의 힘이 같은 방향으로 작용할 때 거센 흐름이 되듯, 우리의 의지도 우리의 언어를 통해 더욱 강력한 힘을 얻는다. 언어는 믿음의 힘을 품고 있기 때문이다.

어린 시절 우리는 학습하는 거의 모든 대상에 자신의 믿음을 주입한다. 이러한 과정에서 자신의 삶을 지탱할 주체적인 힘을 잃어간다. 우리가 다 자랐을 무렵에는 우리의 믿음이 너무도 많은 거짓 위에 세워져 스스로 원하는 꿈을 창조할 힘이 거의 남지 않게 된다. 자신의 신념을 세상의 신념체계에 모두 투사한 우리는 그 신념이 붕괴하기 전까지는 어떠한 힘도 가질 수 없게 된다. 산타클로스의 예처럼 기호에 믿음이 투사되는 과정을 관찰하는 일은 어렵지 않다. 하지만 세상의 모든 기호와 서사에, 그리고 자신의 내부와 외부를 바라보는 관점들에 우리의 믿음이 어떻게 반영되는지 관찰하는 일은 쉽지 않다.

이것을 이해하는 일이 매우 중요하다. 자신에게 일어나는 일들을 직시하는 것은 우리가 할 수 있는 유일한 행위다. 만일 우리가 어떤 대상에 자신이 가진 힘을 투사한다는 사실을 인식한다면 기호들에 투사했던 힘을 되찾는 일도 쉬울 것이고, 기호들이 더 이상 우리를 압도하는 일을 좌시하지도 않을 것이다. 우리가 기호들에게서 힘을 되찾는다면 기호들은 단순히 기호에 불과할 것이다. 그렇게 되면 그것들은 창조주인 우리에게 복종할 것이다. 다시 한번 말하지만 창조주는 **실재하는** 우리들 자신이다. 기호들은 이제 의사소통의 수단으로 사용되는 도구일 뿐인 자신들 **본연의** 임무에 충실하게 될 것이다.

산타클로스의 존재가 진실이 아님을 알게 되는 순간 우리는 더 이상 그를 믿지 않게 되고 그에게 쏟았던 힘도 되찾을 수 있게 된다. 우리는 비로소 우리 자신이 산타클로스를 믿는 데 자발적으로 동의했다는 사실을 알게 된다. 이렇게 다시 인식할 때 우리는 상징체계를 믿는 데 동의한 사람이 바로 나 자신이었다는 것을 깨닫게 된다. 그리고 기호들에 믿음을 부여한 사람이 우리 자신이라면 그 힘을 되찾을 유일한 사람도 우리 자신뿐이라는 것도 알게 된다.

　이러한 인식을 받아들인다면 우리는 스스로 투사했던 믿음의 힘을 회복할 수 있고 스스로 만들어낸 창조물에 대한 통제력을 결코 잃지 않을 것이다. 또한 우리 자신이 믿음의 틀을 직접 만드는 사람이라는 사실을 알게 된다면 우리 자신에 대한 믿음을 회복하는 데에도 도움이 될 것이다. 세상의 신념체계가 아닌 우리 자신을 신뢰할 때 비로소 세상의 힘들이 어디에서 오는지 이해할 수 있으며, 신념체계가 쌓아 올린 부당한 틀도 해체할 수 있다.

　신념체계가 우리를 지배하지 않는다면 우리의 사고는 매우 유연해진다. 그때 우리는 원하는 모든 것을 창조할 수 있고, 원하는 모든 것을 실행할 수 있으며, 믿고 싶은 모든 것에 자신의 믿음을 투사할 수 있다. 모든 게 우리의 선택이다. 우리가 우리를 고통으로 몰아넣는 모든 것들에 더 이상 믿음을 갖지 않는다면 고통은 마법처럼 사라질 것이다. 이제 우리에게 필요한 것은 많은 생각이 아니라 실행이다. 변화를 만들어내는 것은 행동이라는 것을 잊지 말아야 한다.

네 번째 지혜

: 항상 최선을 다하라

연습을 통해
온전함에 이르다

만일 당신이 삶을 바꿀 준비가 되어 있고 당신이 동의한 합의들을 철회할 준비가 되어 있다면, 가장 중요한 것은 참된 앎awareness이다. 당신이 어떤 사람이고 어떤 사람이 아닌지를 알지 못한다면 당신이 동의한 것을 바꿀 수 없다. 무엇을 바꾸고 싶은지조차 알지 못하는 사람이 무엇을 어떻게 바꿀 수 있을까? 여기에서의 앎은 단지 어떤 것을 알고 있다는 것 이상의 의미를 가지는데, 그 차이를 만드는 것이 '실행'이다. 왜냐하면 당신이 알고 있다고 해서 당신의 삶이 바뀌는 것은 아니기 때문이다. 무엇인가를 바꾸는 것은 행위의 결과이고 연습의 결과다. 연습을 반복해야만 온전함에 이를 수 있다.

당신이 지금까지 배운 모든 것은 반복과 연습의 산물이다. 반복을 통해 당신은 말하는 법을 배웠고, 걷는 법을 배웠고, 글쓰는 법을 배웠다. 당신이 언어에 능숙하게 된 것은 연습을 했기 때문이다. 당신이 당신의 삶을 지배하는 신념들을 가지게 된 것도 같은 방법, 즉 연습을 통해서였다. 당신이 지금 당신의 삶을 살 수 있는 것은 오랜 시간 반복된 연습의 결과다.

당신이라고 믿는 지금의 그 사람이 되기 위해 당신은 평생을 매진했다. 반복된 연습의 결과로 모든 것에 익숙해졌다. 당신이 새로운 어떤 것을 연습하기 시작하거나 당신이 믿는 것을 바꾸고자 한다면 당신의 인생 전체가 바뀔 것이다. 당신이 훈련을 거듭하여 **흠결 없는 언어로 말하고, 어떤 것도 개인적인 잘못으로 받아들이지 않으며, 함부로 추측하지도 않게 된다**면, 스스로를 지옥의 꿈 속에 가둘 수도 있었던 수천 가지의 합의 사항들을 깨뜨릴 수 있을 것이다. 그렇게 된다면 당신은 당신이 생각했던 자신의 **이미지**가 아닌 **진정한 자아**를 선택하고 믿게 될 것이다.

흠결 없는 언어로 말하라는 첫 번째 지혜를 실행한다면 당신은 아름다운 삶을 창조할 수 있다. 이 지혜는 당신을 천국으로 인도하겠지만, 이를 돕는 덕목들도 필요할 것이다. **어떤 것도 개인적인 잘못으로 받아들이지 않고**, 어떤 것도 **함부로 추측하지 않을 때**, 당신은 흠결 없이 말하는 일이 더 쉽다고 느낄 것이다. 추측하지 않으면 어떤 것을 개인적인 잘못으로 받아들이지 않는 일이 더 쉽다. 그 반대의 경우도 마찬가지다. 어떤 것도 개인적으로 받아들이지 않고 어떤 것도 추측하지 않는다면, 당신은 첫 번째 지혜를 지지하고 있는 셈이다.

앞의 세 가지 지혜는 실행하기 어려워 보일 수 있으며, 심지어 누군가에게는 불가능한 일처럼 보이기도 한다. 진심으로 말하건대 이것은 불가능하지 않다. 물론 어려운 일이라는 점은 인정한다. 왜냐하면 우리는 대체로 그 반대로 행동하기 때문이다. 평생 동안 우리는 머릿속에서 흘러나오는 지식의 목소리에 귀를 기울여왔다. 다행히도 네 번째 지혜를 통해 우리는 이것을 어렵지 않게 바꿀 수 있다. 모든 것을 가능하게 하는 네 번째 지혜는 이것이다. **항상 최선을 다하라.** 당신은 최선을 다할 수 있다. 그것이 전부다. 그 이상도 이하도 아니다. 단지 최선을 다해라. 일단 하면 된다. 당장 실행해라. 실행하지 않으면 어떻게 최선을 다할 수 있는가?

항상 최선을 다하는 것은 누구나 할 수 있는 일이다. 사실은 당신이 **할 수 있는** 유일한 일이다. 당신이 실행하는 최선이라는 것은 어떤 때는 80퍼센트가 되고 다른 때는 20퍼센트가 되는 것이 아니다. 당신은 언제나 100퍼센트를 투입할 것이고, 그것이 당신의 의지이다. 단지 산출의 최대치가 변할 뿐이다. 시시각각 변하는 세상에서 당신도 결코 같은 사람으로 머물러 있지 않는다. 당신은 살아 있고 변하고 있다. 당신의 최고 성과도 어느 날의 한 순간과 다음 순간이 다르다. 당신의 최선은 시간이 지나면서 달라진다. 당신의 최선은 당신이 육체적인 상태가 최적인지, 피곤한지에 따라서도 달라진다. 당신의 최선은 당신이 어떠한 감정적인 상태에 있는지에 따라서도 달라진다. 그러나 당신이 네 가지 지혜를 연습하여 습관을 형성한다면 당신의 최선은 훨씬 나아질 것이다.

네 번째 지혜는 앞의 세 가지 지혜가 당신에게 깊이 뿌리내린 습관이 되도록 돕는다. 반복과 연습을 통해 당신은 온전한 사람이 되겠지만, 이러한 지혜를 곧바로 통달할 것이라고 기대해서는 안 된다. 당신이 언제나 흠결 없는 언어만을 말하고, 어떤 것도 개인적인 잘못으로 받아들이지 않고, 어떤 것도 함부로 추측하지 않게 될 것이라고 기대해서는 안 된다. 당신이 가진 습관은 너무도 강력해서 마음에 확고히 뿌리내리고 있다. 그래서 오롯이 최선을 다하는 자세가 필요하다.

만일 이중 한 가지 지혜를 실천하지 못했다면 다시 시작해야 한다. 내일 다시 시작하고 또 그다음 날 다시 시작하면 된다. 실행하고 연습하면 날이 갈수록 쉬워질 것이다. 매사에 최선을 다하면 언어를 함부로 사용하거나 만사를 개인적으로 해석하고 추측하는 습관은 시간이 지나면서 개선될 것이다. 습관을 개선하기 위한 실천을 이어간다면 결국 그 의지는 실현된다. 종국에는 네 가지 지혜가 당신의 습관이 되어 더 이상 인위적으로 시도하거나 노력하지 않아도 저절로 실행되는 순간이 올 것이다. 어느 날 당신은 네 가지 지혜가 당신의 삶을 지배하고 있음을 알게 될 것이다. 이러한 지혜가 습관이 된 당신의 삶을 상상할 수 있는가? 온갖 갈등과 희로애락으로 고군분투하는 대신 일상 전체가 매우 편안해질 것이다.

당신이 무엇이든 만들어내는 존재라면, 그리고 꿈꾸는 것을 피할 수 없다면 아름다운 꿈을 하나 창조해 보는 것은 어떨까? 당신은 생각할 수 있고, 옳은 것을 감지할 수 있으며, 꿈을 꿀 수 있다. 만일 당신이 아무것도 창조하지 않기로 결정한다면 삶은 매우 지루해질 것이고, 그렇게 되면 당신 내면의 심판관마저 지루함을 이기지 못할 것이다. 그리고 자신의 결정에 순응하는 당신을 심판할 것이다. "아, 너는 게으른 사람이구나. 인생을 살면서 무엇이건 하나쯤은 해야 할 거야." 그렇다면 당신도 좋은 꿈을 꾸고 그것을 진심으로 즐겨보는 것은 어떨까? 당신의 최대치를 믿고, 당신을 통해 구현되는 삶의 아름다움과 힘을 믿어보는 것은 어떨까?

삶은 우리에게 모든 것을 허락했고, 삶의 모든 것은 즐거움이 될 수 있다. 당신이 삶의 관대함generosity을 믿지 않는 이유는 무엇인가? 자기 자신을 따뜻하고 친절하게 대하는 법을 배우지 않는 이유는 무엇인가? 스스로 행복해지고 주변 사람들에게도 좋은 사람이 되는 방법이 있음에도 그것을 마다하는 이유는 무엇인가? 만일 당신의 생각이 자주 변한다면, 당신이 원하지 않는데도 당신의 꿈이 변화를 추구한다면, 그 변화를 적극적으로 받아들이고 그것을 당신의 천국으로 만드는 것은 어떠한가?

당신의 삶에서 꿈은 수천 개의 작고도 역동적인 작은 꿈들로 이루어진다. 꿈은 태어나고, 자라고, 소멸한다. 다시 말해 꿈은 언제나 변화한다. 하지만 보통 꿈들은 당신이 인지하지 못한 순간에 변화를 거듭한다. 당신이 만일 꿈을 꾸고 있다는 사실을 깨닫는다면 당신이 선택할 때마다 그 꿈을 바꿀 수 있는 힘을 가지게 된다. 당신이 천국의 꿈을 꿀 능력이 있다는 사실을 알게 된다면 당신은 자신의 꿈을 바꾸고자 할 것이다. 이때 네 가지 지혜가 당신을 돕는 완벽한 도구가 될 것이다. 이 지혜들은 당신의 머릿속에 존재하는 폭군과 재판관과 희생자들에 대항하며 당신의 삶에 고통을 주는 온갖 사소한 합의들을 무력화시킬 것이다.

만약 당신이 믿는 것들이 진실인지를 스스로에게 물으며 기성의 신념들에 도전한다면 당신은 매우 흥미롭고도 중요한 사실들을 알게 될 것이다. 당신은 지금까지 살면서 타인에게 충분히 좋은 사람이 되고자 노력했지만, 결과적으로는 자기 자신을 버리고 말았다. 당신은 자신의 자유를 희생하여 타인의 시선 속에 머물러왔다. 당신은 아버지와 어머니, 선생님, 사랑하는 사람, 자녀, 종교, 그리고 이 사회를 위해 충분히 좋은 사람이 되고자 노력했다. 세월이 흐른 후 당신은 스스로에게도 좋은 사람이 되고자 노력해 보지만, 스스로에게 좋은 사람이 되지 못한다는 사실을 깨달을 뿐이다.

당신 자신을 삶의 우선순위 최상단에 올려놓아 보는 건 어떨까? 아마도 태어나서 처음으로 시도해 보는 일일 것이다. 그러기 위해서는 스스로를 사랑하는 법을 처음부터 배워야 한다. 조건 없이 자기 자신을 받아들이고 **실재하는** 당신 자신에게 무조건적인 사랑을 실천해야 한다. 그리고 자신의 진정한 자아를 점점 더 사랑하는 연습을 해야 한다. 스스로를 무조건적으로 사랑할 때만이 당신은 당신의 삶을 통제하려는 외부 포식자의 손쉬운 먹잇감 신세를 벗어나게 된다. 당신은 더 이상 다른 누군가를 위해 자신을 희생하지 않게 된다. 자신을 사랑하는 일도 연습을 통해 능통해질 수 있다.

네 번째 지혜

항상 최선을 다하라
Always Do Your Best

항상 최선을 다하라는 명제는 온전한 예술가가 되는 데 있어서도 매우 중요하다. 앞의 세 가지 지혜는 가상현실의 영역에 있다.

하지만 네 번째 지혜는 물리物理의 영역에 속하기 때문에 자신의 꿈을 온전히 실현하기까지 실행하고 연습하는 과정을 거쳐야 한다. 그렇게 계속해서 최선을 다한다면 마침내는 자신을 훌륭히 변화시킬 수 있을 것이다. 변화에 숙달되는 것은 예술가의 또 다른 덕목이어서 네 번째 지혜를 통해 이를 확인할 수 있다. 당신이 항상 최선을 다한다면 당신은 어떤 일이든 실행할 수 있고, 자신을 변화시킬 수 있고, 자신의 꿈을 변화시킬 수 있다. 이 덕목의 목표는 자신의 믿음을 직면하고 그것을 변화시키는 일이다. 그래서 이전에 자발적으로 합의한 것들을 철회하여 자신의 마음을 자신의 방식으로 다시 설정하는 일이다. 당신이 원하는 종국의 삶은 신념체계 내의 삶이 아니라 스스로의 삶을 살아가는 자유다. 신념체계라는 율법서가 당신을 지배하지 않는다면 당신의 마음에는 폭군도, 재판관도, 희생자도 더 이상 존재할 수 없다.

변화는 이미 시작되었으며, 그것은 언제나 당신으로부터 시작된다. 당신은 당신의 이야기를 만들어가는 데 있어서 진실을 목도할 온전한 용기와 정직함을 가지고 있는가? 당신은 당신이 쌓아온 거짓과 미신을 마주할 용기가 있는가? 당신은 당신이 믿는 당신이라는 사람을 직시할 용기가 있는가? 아니면 상처가 너무 많아 그럴 수 없는가? 당신은 어쩌면 '아직 잘 모르겠어'라고 생각할 수도 있다. 하지만 당신은 이미 도전을 시작했다. 당신은 당신의 꿈을 바꾸고 있는데, 그 사실만으로도 당신은 지금 스스로 마주하고 있는 거짓을 떨쳐내고 있다고 할 수 있다.

네 가지 지혜는 사실상 **변화의 성숙도**와 궤를 같이하며, 변화가 일정한 단계에 이르면 당신은 그동안 축적한 지식들을 떨쳐내게 된다. 당신은 스스로 세상과 합의하며 세상을 배웠지만, 이제는 스스로 합의하여 이를 절연絕緣한다. 당신이 그 합의들과 절연할 때마다 거기에 투사되었던 믿음의 힘들은 당신에게 되돌아온다. 더 이상 합의를 위해 에너지를 소모할 필요가 없기 때문이다.

일단 사소하고 에너지 소모가 적은 합의를 깨는 일부터 시작해야 한다. 당신이 기성의 신념체계를 답습하지 않으면 그 신념체계는 무너지고 당신의 신념은 자유로워진다. 당신이 신념을 회복하면 내면의 힘이 커지고 의지가 강해진다. 그렇게 되면 당신은 하나의 합의를 변화시키고, 또 다른 합의를 변화시키면서 모든 것을 변화시킬 수 있는 힘을 갖게 된다. 당신 내면의 힘은 계속해서 성장하고, 당신은 자신이 훨씬 강해졌다는 사실을 인지하여, 이제는 할 수 있는 일이 매우 많아졌다는 사실을 깨닫게 된다. 오래지 않아 당신은 행복과 기쁨과 사랑으로 이어지는 자신과의 합의를 실행하게 될 것이다. 그렇게 되면 새로운 합의가 만들어지고 그것이 외부 세계와 소통하기 시작하면서 당신의 꿈 전체가 변화하게 될 것이다.

당신이 지금 행하고 있는 관성적인 습관들을 떨쳐내고자 한다면 당신이 믿는 것들을 정면으로 바라봐야만 한다. 어떻게 자신의 믿음과 직면할 수 있는가? 이를 위한 방법은 단 하나, **의심**이라는 도구를 활용하는 것이다. 물론 의심도 기호의 영역에 속해 있지만 그 효과는 매우 강력하다. 의심의 힘을 통해 당신은 당신이 받아들이고 내보내는 모든 메시지들에 문제를 제기할 수 있다. 율법서의 모든 규율들에 도전할 수도 있다. 그리고 세상을 지배하는 모든 거짓과 미신의 망령이 사라질 때까지 사회를 지배하는 신념들에도 도전할 수 있다. 제2장에서 소개할 다섯 번째 지혜는 당신에게 의심의 힘을 부여할 것이다. 다시 한번 말하지만 이 페이지를 넘어가도 잊지 마라. **항상 최선을 다하라.**

제 2 장

의심이 가진 힘

"당신이 믿는 순간
거짓은 진실이 된다"

다섯 번째 지혜

: 의심하라.
그러나 경청하라

타인의 말에
반대할 필요가 없는 이유

———————— 다섯 번째 지혜는 이것이다. **의심하라. 그러나 경청하라.** 우리는 의심하는 사람이 되어야 한다. 우리가 듣는 이야기의 대부분은 진실이 아니기 때문이다. 인간은 기호를 사용하여 소통하지만, 기호들은 진실을 담보하지 않는다. 기호들은 그 자체로 진실해서가 아니라 우리가 동의를 하기 때문에 진실이 된다. 앞에서 언급한 지혜에서도 경청의 중요성을 강조했는데 그 이유는 간단하다. 경청하는 법을 배운다면 당신은 사람들이 사용하는 기호들의 의미를 더욱 잘 이해하게 된다. 또 사람들을 더 잘 이해하게 되고 그들과 더 잘 소통하게 된다. 그렇게 된다면 우리가 살고 있는 지구의 모든 사람들 사이에 놓인 혼란이 걷히고 많은 것들이 분명

해질 것이다.

　기호들을 통해 축적한 당신의 지식이 대부분 진실이 아니라는 사실을 깨닫고 나면 이제부터는 의심하는 행위가 가지는 의미를 더욱 절실히 느끼게 된다. 진실을 직시하는 능력은 의심의 힘을 통해 더욱 촉진되기 때문에 **의심하는 사람이 되어야 한다**는 말은 한층 중요한 의미를 갖게 된다. 당신은 당신 자신의 이야기를 들을 때나 타인의 이야기를 들을 때, 이렇게 자문해 보아야 한다. **이 말은 사실인가, 아니면 거짓인가? 이것은 현실인가, 아니면 가상현실인가?** 의심은 당신이 각각의 기호 **이면**을 바라보게 하고, 당신이 주고받는 모든 메시지에 책임감을 갖도록 한다. 진실이 아닌 메시지에 자신의 믿음을 투영하고 싶은 사람이 누가 있겠는가? 의심하는 사람이 된다는 것은 세상의 모든 메시지를 맹신하지 않고 기호들 자체에 믿음을 투영하지 않는 사람이 된다는 의미다. 당신이 만일 기호에 믿음을 주지 않는다면 당신의 믿음은 당신 자신의 것이 된다.

　믿음을 의심 없이 믿어버리거나 의심에 의구심이 생긴다면 의심하라. 그것을 믿어서는 안 된다. 요컨대, 인간이라는 예술가들이 각자의 지식으로 만드는 모든 이야기들을 믿어서는 안 된다. 우리가 갖고 있는 지식의 대부분은 진실이 아니라는 것을 당신은 알고 있다. 즉, 우리의 상징체계 전체는 진실이 아니다. 그러므로

나의 말도, 당신 자신의 말도, 어느 누구의 말도 맹신해서는 안 된다. 진실이라는 것이 있다고 해도 당신은 그것을 믿을 필요가 없다. 진실은 그 자체로 진실이며 당신의 믿음 여부와 상관 없이 그 자체로 진실이다. 거짓말은 그것을 믿는 당신을 필요로 한다. 만일 당신이 믿지 않는다면 그 거짓말은 당신의 의심을 견뎌내지 못하고 그대로 사라져버리고 만다.

의심하는 사람의 모습은 두 가지 상반된 형태로 나타날 수 있다. 첫째는 스스로 너무 똑똑해서 절대로 속지 않는다고 생각하며 의심하는 경우다. '내가 얼마나 똑똑한지 보라고. 나는 아무것도 믿지 않아.' 이것은 의심하는 사람의 모습이 아니다. 의심을 한다는 것은 접하는 모든 것을 불신하는 것이 아니라, 단지 진실이 아니기 때문에 신뢰하지 않는 것이다. 의심하는 사람이 되는 것은 온 인류가 거짓을 믿는다는 사실을 직시하는 일에서 시작된다. 우리는 꿈을 꾸고 그 꿈은 진실의 일부만을 반영하기 때문에 결국 인간은 진실을 왜곡하게 된다.

모든 예술가들은 진실을 왜곡한다. 하지만 그 사람의 말을 비난하거나 거짓말쟁이라고 부를 필요는 없다. 인간은 누구나 이런저런 방식으로 거짓말을 하며 의도된 거짓이 아닌 경우도 있다. 단지 우리가 그렇게 믿기 때문이고, 우리가 그렇게 배웠기 때문이며, 배운 기호들을 그렇게 사용하는 데 적응했기 때문이다. 이러한 사실을 알게 된다면 다섯 번째 지혜는 더욱 중요한 의미를 가지게 된다. 그리고 이를 통해 당신의 삶에도 큰 변화를 가져올 수 있다.

사람들은 당신에게 다가와 자신의 이야기를 들려주곤 한다. 자신의 생각을 이야기하고 자신이 믿는 바를 설파한다. 하지만 당신은 그것이 진실인지 아닌지 판단할 필요가 없다. 판단하는 대신 존중을 보이면 된다. 어떤 말을 하든 그것이 그들의 신념에 의해 왜곡되어 있다는 사실을 알게 되면 그들 각자가 자신만의 기호를 사용하는 모습을 관조할 수 있다. 이제 당신은 당신에게 향하는 그들의 이야기가 하나의 이야기일 뿐이라는 사실을 알고 있다. 당신은 그것을 느낄 수 있고, 그래서 자연스럽게 알게 된다. 다시 한번 말하지만 누군가의 말이 진실일 경우, 당신은 언어를 매개하지 않아도 그 사실을 알 수 있다. 이것은 매우 중요하다.

진실이든 허구든 당신은 어떤 것도 믿을 필요가 없다. 누군가의 의견에 대한 당신 자신의 의견을 만들 필요도 없다. 당신의 의견이 있어도 그것을 표출할 필요가 없다. 사람들의 의견에 동의할 필요도 반대할 필요도 없다. 그냥 **경청**하면 된다. 흠결 없는 언어로 말하는 사람일수록 언어에 실리는 메시지는 병료해지겠지만, 그럼에도 타인의 입에서 나오는 언어는 당신과 아무런 관련이 없다. 그것이 당신의 책임으로 수렴되지 않는다는 사실을 당신은 알고 있다. 당신은 그들의 언어를 듣고 그것을 이해하지만 그 언어는 더 이상 당신을 지배하지 못한다. 당신은 다른 사람들이 어떻게 움직이는지 잘 알고 있기 때문에 더 이상 그들이 하는 말을 판단할 필요가 없다. 그들은 단지 자신들의 가상현실 속에서 벌어지고 있는 일들을 당신에게 이야기할 뿐이다.

당신은 이미 세상의 모든 예술가들이 각자의 꿈과 각자의 세계 속에서 살아가고 있다는 사실을 안다. 그 세상에서 그들이 인식하는 것은 무엇이든 그들에게 진실이 된다. 또한 그들의 이야기에 동의하는 사람들에게도 그것은 부인할 수 없는 진실이 된다. 하지만 당신에게는 그렇지 않다. 당신에게 유일한 진실은 당신의 세계에서 당신이 인식하는 것뿐이다. 이러한 사실을 안다면 누구에게 그 무엇도 증명할 필요가 없다. 모든 것이 옳고 그름의 문제를 벗어나기 때문이다. 당신은 사람들이 무슨 이야기를 하든 그 이야기를 존중한다. 모두 예술가의 이야기이기 때문이다. 타인을 존중하는 것은 매우 중요하다. 그리고 당신이 경청하는 법을 안다면 다른 예술가들에게 존중을 보일 수 있다. 당신이 그들을 존중하는 것은 그들의 창조물을 존중한다는 의미다.

세상의 모든 예술가들은 무엇이든 원하는 예술을 창조할 권리가 있고, 무엇이든 원하는 행위를 할 권리가 있으며, 무엇이든 원하는 말을 할 권리가 있다. 그런데 만일 당신이 경청하는 법을 모른다면 사람들이 하는 말을 결코 제대로 이해하지 못할 것이다. 의사

소통을 하는 데 있어서 경청은 매우 중요하다. 당신이 경청하는 법을 배운다면 사람들이 원하는 것을 정확히 알 수 있다. 사람들이 원하는 것을 안다면 그와 관련된 지식을 떠올려 어떻게 반응해야 할지도 알 수 있다. 하지만 당신은 반응을 할 수도, 하지 않을 수도 있다. 또 사람들의 말에 동의할 수도, 동의하지 않을 수도 있으니 모든 것은 **당신의 마음에 달려 있다.**

다른 사람들이 어떤 것을 원한다고 해서 당신이 그들이 원하는 것을 들어주어야 하는 것은 아니다. 사람들은 언제나 타인의 주의를 끌고자 노력한다. 그러한 행위를 통해 필요한 정보를 얻기 때문이다. 하지만 당신은 정보를 공유하는 것을 원하지 않을 때가 많을 것이다. 당신은 그들의 말을 듣기만 하면 된다. 당신이 원하지 않는다면 그 말을 무시하고 다른 곳을 응시하면 된다. 그런데 만일 그 이야기가 주의를 끈다면 당신은 그 사람이 하는 말이 정말로 중요한지 알고 싶을 것이며 그 이야기를 경청하게 될 것이다. 그리고 당신의 생각을 그들과 나눌 것이다. 물론 당신의 생각도 하나의 관점일 뿐이라는 사실을 알고 있다. 그것은 당신의 선택이고 그보다 중요한 것은 **경청**이다.

당신이 만일 경청하는 법을 배우고자 하지 않는다면 내가 지금 나누고자 하는 이야기에 결코 공감하지 못할 것이다. 이야기를 추측하고 속단하여 결론을 내릴 것이며, 타인의 꿈에 자신의 꿈처럼 반응할 것이다. 사람들이 그들의 꿈을 당신과 공유하고자 할 때 당신은 그것이 그 **사람**의 꿈이라는 사실을 알아야 한다. 당신은 무엇이 당신의 꿈인지, 무엇이 당신의 꿈이 아닌지 알아야 한다.

나는 지금 여러분에게 내가 알고 있고 내가 꿈꾸는 세상에 대한 이야기를 나누고자 한다. 나의 이야기는 나에게 진실이지만 그것이 실재하는 진실은 아니므로 내 이야기를 맹신할 필요는 없다. 내가 말하는 모든 것은 나의 관점을 설명하는 이야기일 뿐이다. 물론 나의 입장이지만, 독자들과 나누고자 하는 것은 진실한 이야기다. 내가 말하고자 하는 바를 독자들이 이해할 수 있도록 흠결 없는 언어를 구사하기 위해 최선을 다할 것이다. 물론 내가 정확히 진실을 반영하여 그것을 공유하고자 해도, 그것이 내 마음에서 독자들의 마음으로 전해지는 순간 **독자들에 의해** 왜곡될 것이라는 사실을 나는 안다.

그렇다면 어쩌면 내가 말하는 것은 진실일 수도 있고 진실이 아닐 수도 있지만, 독자들이 믿는 것은 진실이 아닐 가능성이 크다. 내가 전하는 메시지의 절반은 나의 것이고 절반은 독자들 각자의 것이다. 나는 내가 하는 말에 책임이 있지만, 당신이 이해하는 내용에는 책임이 없다. 당신이 이해하는 것은 당신의 책임이다. 당신이 무언가를 듣고 그것을 이해하여 어떤 행동을 한다면 그것은 당신의 책임이다. 들리는 모든 이야기에 의미를 부여하는 사람이 당신 자신이기 때문이다.

지금 이 순간에도 당신은 당신이 쌓아온 개인적인 지식을 토대로 나의 이야기를 해석하고 있다. 당신은 당신의 신념체계 전체가 균형을 유지하도록 기호들을 재배열하고 변형하고 있다. 균형 상태가 안정적으로 정착된 사람들은 그 기준에 따라 나의 말을 수용하기도 하고 거부하기도 할 것이다. 자신이 스스로에게 이해시킨 말이 최초에 내가 의도했던 말이라고 가정할 수도 있다. 하지만 그렇다고 해서 당신이 이해한 바가 진실이 되는 것은 아니다. 당신은 나의 이야기를 잘못 해석할 수 있다. 모든 것이 당신에 의해 좌우된다. 당신은 당신이 이해한 것을 가지고 나를 비난할 수 있고, 다른 사람을 비난할 수도 있다. 당신의 종교와 철학을 비난할 수 있고 심지어 당신 자신을 포함한 모든 사람을 비난할 수 있다. 또한 당신이 이해한 것을 통해 진실을 추구하고, 자아를 찾고, 자신과 화해할 수 있으며, 심지어 당신 자신에게 전하는 메시지를 스스로 변경할 수도 있다.

나의 이야기를 가지고 당신이 무엇을 하든 그것은 당신에게 달려 있다. 그것은 당신의 꿈이고 나는 그 꿈을 존중한다. 당신은 나의 이야기를 맹신할 필요가 없지만, 타인을 경청하는 법을 안다면 나의 말을 이해할 수 있을 것이다. 나와 당신이 공유하는 정보가 당신에게 의미가 있다면 당신은 그것을 당신 꿈의 일부로 받아들일 수 있다. 당신이 원한다면 말이다. 어떤 것이든 당신의 꿈에 도움이 되는 것은 취하여 그 꿈을 보완하는 데 사용할 수 있다. 당신의 꿈에 도움이 되지 않는 것은 무시하면 된다. 발설된 나의 이야기는 더 이상 나에게 영향을 미치지 않지만 당신에게는 영향을 미칠 수 있다. 나는 나의 이야기가 하나의 가정이라는 사실을 알고 그러한 가상의 이야기를 내놓을 뿐이지만, 당신은 더 나은 예술가가 되기를 열망하며 당신 자신의 신념을 보완하고자 할 것이다.

그러니 당신은 **의심하는 사람이 되어야 한다.** 나를 믿지 말고 다른 사람을 믿지 말고, 특히 당신 자신을 믿지 말아야 한다. 내가 당신 자신을 믿지 말라는 말의 진정한 의미를 이해하는가? 당신이 배운 것을 맹신하지 말라는 뜻이다. 자기 자신을 믿지 않는 것은 매우 큰 효용이 있다. 당신이 배운 것의 대부분이 진실이 아니기 때문이다. 당신이 알고 있는 모든 것과 당신이 믿고 있는 모든 세계는 모두 상징일 뿐이다. 하지만 당신 자신은 당신의 지식이 말하는 상징의 집합체가 아니다. 이 사실을 아는 당신은 의심하는 사람이 되어야 한다. 당신 자신을 맹신해서는 안 된다.

만일 당신의 지식이 당신에게 이렇게 속삭인다고 가정해 보자. '나는 뚱뚱해. 나는 못생겼어. 나는 늙었어. 나는 패배자야. 나는 좋은 사람이 못 돼. 나는 강한 사람이 못 돼. 나는 결코 이 일을 할 수 없을 거야.' 이 메시지들은 왜곡되어 있으며, 온통 거짓으로 꾸며져 있다. 그래서 당신은 당신 자신을 믿어서는 안 된다. 이 이야기들은 진실이 아니기 때문이다. 거짓을 알아챌 수 있으면 당신은 믿지 않을 것이다. 그러니 의심의 힘을 사용하여 스스로에게 전해지는 모든 메시지들을 점검해 봐야 한다. 내가 못생겼다는 것이 **정말** 사실일까? 내가 좋은 사람이 못된다는 것이 **정말** 사실일까? 이런 질문을 던지며 생각해 보는 것이다.

위와 같은 메시지는 실재하는 것일까, 아니면 가상현실일 뿐일까? 고민할 것도 없이 당연히 가상현실이다. 메시지 중 어느 것도 진실에서 비롯되지 않았고 삶 자체에서 빚어낸 것도 아니다. 단지 우리가 가진 왜곡된 지식에서 비롯된 것이다. 못생긴 사람이란 것은 존재하지 않는다. 좋은 사람이나 튼튼한 사람이란 것도 존재하지 않는다. 어떤 판단이 진실임을 보증하는 보편적인 법전法典도 존재하지 않는다. 오직 인간들이 도출한 합의가 있을 뿐이다.

당신은 스스로를 맹신했던 행위의 결과를 알고 있는가? 스스로에 대한 맹신은 당신이 할 수 있는 것 중 가장 바람직하지 않는 일이다. 왜냐하면 당신은 일생 동안 당신 자신에게 거짓을 속삭여왔기 때문이다. 당신이 만일 그 모든 거짓들을 믿어왔다면 당신의 꿈은 즐거운 삶을 영위하지 못했을 것이다. 당신이 만일 자신의 목소리를 맹신해 왔다면 당신이 배운 모든 기호들은 당신을 상처 입히는 데 사용되었을 것이다. 거짓을 믿는 것은 자신의 삶을 지옥으로 만드는 것이기 때문에 개인의 꿈은 온전히 지옥으로 나타날 수 있다. 만일 당신이 고통을 받고 있다면 그것은 누군가가 당신을 고통스럽게 하기 때문이 아니라 당신이 당신의 두뇌에 군림하고 있는 폭군에 굴종하고 있기 때문이다. 반대로 그 폭군이 당신에게 복종을 한다면 당신 마음속에는 더 이상의 비판과 희생이 존재하지 않게 될 것이다. 당신은 더 이상 고통받지 않게 될 것이다.

당신을 지배하는 그 폭군은 무자비하다. 당신에게 해가 되는 모든 기호들을 사용하여 당신을 학대한다. 부정적인 생각이 만들어내는 감정의 독을 퍼트려서 당신이 그러한 감정에 매몰된 채 세상을 판단하고 왜곡된 지식을 쌓도록 한다. 세상의 어느 누구도 당신이 당신 자신을 판단하는 것만큼 당신을 판단하지 않는다. 물론 당신은 그 판단과 죄책감과 반감과 처벌로부터 도피하고자 분투한다. 하지만 아무리 노력한들 자기 자신의 생각으로부터 어떻게 도피할 수 있을까. 당신이 만일 누군가를 좋아하지 않는다면 그 사람과 거리를 두면 된다. 그런데 당신이 당신 자신을 좋아하지 않는 경우는 다르다. 어느 곳으로 도피하든 당신은 당신 자신과 만나게 된다. 당신은 싫어하는 누군가로부터 몸을 숨길 수 있지만 당신 자신의 판단으로부터는 도피할 수 없다. 당신은 출구 없는 방에 갇혀 있는 셈이다.

많은 사람들이 과식을 하고, 마약에 탐닉하고, 알코올을 남용하고, 그 밖의 다양한 물질과 행위에 중독되는 것은 이러한 이유 때문이다. 그들은 자기 자신이 속삭이는 이야기에서 벗어나기 위해 할 수 있는 모든 것을 한다. 자신의 머릿속을 왜곡하는 자신의 창조물로부터 멀어지기 위해서다. 어떤 이들은 그 감정적 고통이 지대하여 스스로 목숨을 끊기도 한다. 거짓말이 우리에게 할 수 있는 일이 바로 이것이다. 지식의 목소리는 매우 왜곡되기 쉽기 때문에 과도한 자기혐오를 불러일으킬 수 있고, 그것은 사람을 죽음에 이르게도 한다. 이러한 일이 벌어지는 것은 우리가 오랫동안 형성해 온 생각들을 맹신하기 때문이다.

당신이 축적한 지식에 주변 다른 사람들의 생각들까지 더해진다면 당신 내면에는 거대한 파도가 몰아치게 될 것이다. 그 모든 언어들을 당신이 그대로 믿는다고 생각해 보라! 끔찍한 일이 아닐 수 없다. 그런데 만일 당신이 의심 많은 사람이어서 당신 자신을 믿지 않고 다른 사람들의 의견도 맹신하지 않는다면, 어떤 이야기도 당신을 방해하지 않을 것이며 당신을 언어의 격랑 속으로 몰아넣지 못할 것이다. 당신은 당신의 언어를 통제할 수 있을 때 비로소 마음의 중심에 자리 잡을 수 있고, 언제나 마음의 고요와 평정을 유지할 수 있다. 그제야 당신은 기호들 한가운데가 아닌 **실재하는** 당신의 삶 속에서 주체적으로 살아갈 수 있다. 그래야 소통할 때 기호들을 통솔할 수 있고, 입을 통해 원하는 바를 전할 수 있다.

당신은 예술가다. 당신은 원하는 모습과 원하는 방식으로 기호들을 배열할 수 있다. 기호들이 당신의 권위 아래 있기 때문이다. 당신은 기호를 이용해 당신에게 필요한 것, 당신이 표현하고자 하는 것, 당신이 원하는 것을 실행하도록 요구할 수 있다. 당신은 당신의 생각과 느낌과 꿈을 가장 아름다운 시와 산문에 실어 표현할 수도 있다. 하지만 의사소통을 위해 언어를 사용한다고 해서 그 언어를 맹신해도 된다는 뜻은 아니다. 당신이 이미 알고 있는 것이라면 굳이 언어라는 기호에 믿음을 투사할 필요가 있을까? 당신이 혼자 존재하고 당신이 당신에게만 말을 한다면 언어라는 도구는 아무런 의미를 가지지 못한다. 언어가 있다고 해서 당신이 알지 못하는 것을 스스로에게 이야기할 수 있겠는가?

당신이 만일 다섯 번째 지혜를 이해한다면 **볼 수 있는 것**, 언어화 이전에 이미 알고 있던 것은 믿을 필요가 없는 이유를 알게 된다. 진실은 언어로 체득되지 않는다. 진실은 말없이 다가온다. 당신은 그것을 그냥 안다. 언어로 설명하지 않아도 느껴지기 때문에 **침묵의 지식**silent knowledge이라고 불린다. 침묵의 지식은 우리가 기호에 믿음을 투사하기 전부터 이미 알고 있는 지식이다. 진실에 자신을 개방하고 진실에 귀 기울이는 법을 배우면 모든 기호들은 가치를 잃고 오로지 진실만이 남게 된다. 더 이상 알아야 할 것이 없고, 더 이상 합리화할 것도 없다.

내가 지금 독자들과 공유하는 이야기는 쉽게 이해할 수 없는 것이다. 하지만 동시에 매우 단순한 진실이기도 하다. 종국에는 당신도 당신이 그렇게 **믿기 때문에** 참이 되는, 기호에 불과한 언어의 본질을 알게 될 것이다. 당신이 만일 기호들의 허울을 벗겨버린다면 무엇이 남게 될까? 바로 진실이다. 당신 눈 앞에 의자가 놓여 있다고 생각해 보자. 당신은 그것을 어떤 이름으로 불러야 할지 모를 수도 있다. 하지만 당신은 거기에 앉을 수 있다. 진실은 여기에 있다. 중요한 것은 진실이다. 그리고 인생은 진실이다. 빛은 진실이다. 사랑은 진실이다. 인간의 꿈은 진실이다. 진실이 아니라고 해서 나쁜 것은 아니다. 나쁘다는 것은 진실이 아닌 다른 개념일 뿐이다.

인간이 의사소통을 하기 위해 상징체계를 만들었다는 사실을 이해한다면 '상징'은 좋고 나쁘거나 옳고 그름의 문제가 아니라는 것을 알게 된다. 당신은 당신이 가진 믿음을 통해 그것을 옳게도 만들 수 있고 그르게도 만들 수 있다. 그것이 믿음이 가진 힘이고 진실은 믿음 너머에 존재한다. 당신이 만일 기호들 너머의 세상을 볼 수 있다면 자신이 창조한 세상과 완벽하게 조화를 이루며 살아가는 낙원을 보게 될 것이다. 이 낙원에서는 모든 단어에 대한 믿음도 완벽하다. 당신의 분노, 당신의 이야기, 당신의 거짓말마저 완벽하게 발현될 것이다. 심지어 당신이 가끔 머무는 지옥도 완벽할 것이다. 오직 온전함만이 존재하기 때문이다. 만일 당신이 지금까지 인생을 살면서 모든 지식들을 거짓 없이 배웠고, 거짓과 미신과 난무하는 이야기들에 믿음을 투사하는 행위로 고통받은 일이 전혀 없었다고 상상해 보자. 당신은 다른 동물들과 동일한 삶을 영위해 왔을 것이다. 즉, 당신은 삶 전체를 통해 순수함을 지켜왔을 것이다. 그러나 우리는 길들여지는 과정에서 순수함을 잃는다. 하지만 다행히 순수함을 잃는 과정에서도 당신이 잃어버린 것을 찾기 시작하고 이를 위해 지속적으로 노력한다면 진정한 앎에 이를 수 있다. 이러한 사실을 알게 된다면 당신은 자신의 모든 선택과 그로 인한 자아의 발전을 위해 더욱 적극적인 자세로 앎을 추구하고자 할 것이다.

당신이 만일 세상이 꾸는 꿈으로 교육을 받는다면 불가피하게도 수많은 거짓말들을 배우게 된다. 하지만 이제는 그러한 거짓을 폐기하고 스스로의 마음에 따라 진실을 따르는 법을 배워야 한다. 탈학습unlearning, 혹은 길들임에서 벗어남undomestication이라고 부르는 이 과정은 매우 느리지만 강력한 힘을 발휘한다. 앞에서 언급한 것처럼 당신이 기호들에 투사했던 믿음을 회수할 때마다 그 힘은 당신에게 회귀하고, 결국에는 상징체계가 당신을 지배할 수 없게 된다.

각각의 기호들에게서 힘을 회수하여 당신에게 가져오면 세상의 꿈은 점차 힘을 잃게 된다. 그리고 그 모든 힘들이 당신에게 회수된다면 당신은 적수가 없을 압도적인 힘을 갖게 된다. 아무것도 당신을 대적하지 못하게 된다. 어쩌면 이렇게 설명해야 할 것이다. '당신은 더 이상 당신을 대적할 필요가 없다.' 당신은 당신 그 자체가 되었기 때문이다.

기호들에 투사한 모든 힘을 회복한다면 당신은 머릿속에 떠오르는 생각들을 믿지 않게 된다. 당신은 그 속삭임을 믿지 않지만 그 이야기에 귀를 기울이고 그 이야기를 존중할 수 있다. 당신은 당신의 이야기를 즐길 수 있다. 당신이 영화를 보거나 소설을 보면 극중 이야기를 믿지는 않지만 즐길 수 있지 않은가? 현실과 가상현실을 구분할 수 있게 된다면 현실을 믿고 가상현실을 믿지 않으면서도 두 가지 모두 즐길 수 있게 된다. 당신은 현실을 있는 그대로 즐길 수 있고 당신이 창조한 세상을 누릴 수 있다.

당신은 당신의 이야기가 진실이 아니라는 사실을 알지만, 그럼에도 지극히 아름다운 이야기를 창조할 수 있다. 그리고 그 이야기를 통해 자신의 삶을 이끌어갈 수 있다. 당신은 당신의 천국을 만들어 그 속에서 살아갈 수 있다. 만일 당신이 다른 사람들의 이야기를 이해할 수 있고 그들도 당신의 이야기를 이해할 수 있다면, 당신은 그들과 함께 가장 아름다운 꿈을 창조할 수도 있다. 이를 원한다면 당신은 지난한 탈학습의 과정을 거치며 과거의 지식을 버려야한다. 다섯 번째 지혜는 이를 돕는 매우 유효한 도구가 된다.

다섯 번째 지혜

의심하라. 그러나 경청하라
Be Skeptical, but Learn to Listen

전 세계 어느 곳을 가든 사람들은 당신에게 자신의 온갖 주장과 이야기들을 들려준다. 당신이 인생을 살면서 무엇을 해야 하는지 알려주기를 원하는 달변의 이야기꾼들은 도처에 있다. 그들은 이렇게 말한다. "너 이렇게 해야 돼. 저렇게 하면 안 된다? 무엇이든 해야 돼." 당신은 그들을 믿어서는 안 된다. **의심하는 사람이 되어야 한다. 하지만 경청하는 법을 알아야 한다.** 그리고 당신 자신의 선택을 해야 한다. 당신은 인생에서 마주하는 모든 선택에 대해 책임을 져야 한다. 다른 누구의 삶이 아닌 당신의 인생이기 때문이다. 당신이 인생에서 행하는 일은 다른 누구의 일도 될 수 없다는 사실은 이미 알고 있을 것이다.

수 세기 동안, 하느님의 뜻을 안다는 믿음하에 선善과 의義를 전파하며 모든 사람들을 정죄하던 이들이 있었다. 수 세기 동안 세계적인 대재앙을 예언한 예언가들도 있었다. 그리 오래 지나지 않은 20여 년 전에도 서기 2000년이 되면 모든 컴퓨터가 고장 나고 우리가 알고 있는 세상이 크게 망가질 것이라고 예측한 사람들이 있었다. 그들은 인류가 동굴 속에서 생활하던 때로 되돌아갈 것이라고 주장하기도 했다. 시간이 흘러 그들이 예언했던 날짜가 다가왔고 사람들은 새로운 세기의 시작을, 새 천년을 축하했다. 하지만 어떤 일이 벌어졌는가? 아무 일도 일어나지 않았다.

수천 년 전에도 오늘날과 같이 세상의 종말을 기다렸던 선지자들이 있었다. 당시에도 한 위대한 스승이 말하기를 "하느님의 말씀을 전한다고 주장하는 거짓 선지자가 많이 나타나리라. 그들을 **믿지 말라**"고 했다. 내가 제시하는 다섯 번째 지혜도 전혀 새로운 개념이 아니다. **함부로 믿지 말고 의심하라. 그러나 경청하라.**

톨텍의 첫 번째 세계

: 일차원의 꿈

길들여져
죽은 채로 배회하는 사람들

───────────── 천상을 소요逍遙하던 아담과 이브의 이야기로 돌아가보자. 아담과 이브는 인류의 행위를 대변한다. 하느님은 동산 안에서 원하는 것은 무엇이든 먹을 수 있으나 지식의 나무Tree of Knowledge에 열리는 열매만은 먹지 말라고 금하셨다. 이 나무의 열매를 먹는 순간 인간은 죽을 것이라고 하셨다. 하지만 인간은 그 열매를 먹고 죽음을 맞이했다.

이것은 하나의 이야기일 뿐이지만 중요한 것은 이야기가 의미하는 바이다. 이 나무의 열매를 먹는 인간이 왜 죽음을 맞이했는지 생각해 보자. 사실 '지식의 나무'의 진짜 이름은 '죽음의 나무Tree of Death'였다. 그리고 동산에 있던 또 다른 나무는 '생명의 나무Tree of Life'였다. 생명은 진실이다. 그 진실은 언어나 기호가 필요하지 않다. 지식의 나무는 생명의 나무의 한 가지 반영일 뿐이다. 지식은 기호들로 만들어졌으며 그 기호들은 실재하지 않는다는 것을 우리는 이미 알고 있다. 우리가 지식의 나무에 달린 열매를 먹을 때 그 기호들은 가상현실을 만들며 우리에게 지식의 소리를 속삭인다. 우리는 그 속에 살면서 그것이 진실이라고 믿는다. 물론 그 속에 참된 앎이란 없다.

인간이 죽음의 나무에 달린 열매를 먹은 것은 분명해 보인다. 나의 개인적인 생각으로, 이 세상에는 이미 죽은 채로 이곳저곳을 배회하는 수많은 사람들이 있지만 그들 자신은 이 사실을 결코 **알지 못한다.** 그들은 자신이 죽었다는 사실을 알지 못한다. 물론 그들의 신체는 살아서 호흡하고 있을 것이다. 하지만 그들은 자신들이 꿈꾸고 있다는 사실을 알지 못한 채 꿈을 꾸고 있다. 이것이 톨텍이 이야기하는 **일차원의 꿈**the dream of the first attention이다.

일차원의 꿈이란 우리의 자각이 매우 초기 단계일 때 꾸는 꿈이다. 나는 이것을 **인간의 평범한 꿈**the ordinary dream of the humans이라고도 부른다. **희생자들의 꿈**the dream of the victims이라고 부를 수도 있을 것이다. 왜냐하면 인간은 스스로 창조한 기호의 희생자들이며, 스스로의 지식 속에 도사리고 있는 미신과 왜곡의 희생자들이기 때문이다. 대부분의 사람들이 살고 있는 인간의 평범한 꿈속에서 우리는 우리 자신이 만든 종교, 우리 자신이 지지한 정부, 우리 자신이 가진 생각과 믿음이라는 거대한 체제의 희생자가 된다.

어린 시절 우리는 거대한 지식의 나무가 속삭이는 거짓말로부터 스스로를 방어할 수 없었다. 앞에서 언급한 것처럼 우리의 부모와 학교, 종교, 그리고 사회 전체는 우리의 주의를 끌어 우리에게 기성의 생각과 신념을 주입하는 데 전력을 다했다. 부모가 특정 종교를 믿었고 부모가 우리를 교회나 회당으로 데려갔기 때문에 지금 믿는 종교를 믿고 있으며, 그 속에서 그들의 가르침에 따라 신앙을 배우기도 했다. 우리를 양육했던 어른들은 우리에게 수많은 이야기들을 들려주었으며, 우리가 학교에 다니기 시작하면서 더 많은 사람들에게 더욱 많은 이야기들을 접하게 되었다. 우리나라의 역사를 배우며 구국의 영웅들과 전쟁과 인간의 고통에 대해 배웠다.

어른들은 우리가 사회의 구성원이 될 수 있도록 준비시켜준다. 하지만 나는 이 사회가 거짓이 온전히 지배하는 사회라고 단언한다. 우리는 사람들이 공존하는 같은 꿈속에서 살아가는 법을 배운다. 우리의 신념은 그 꿈속에 갇혀버리고 그 꿈은 우리 삶의 표준이 된다. 나는 이것이 사람들의 나쁜 의도가 발현된 것이라고는 생각하지 않는다. 어른들은 자신들이 아는 것을 가르칠 뿐이며, 그 누구도 알지 못하는 것을 가르치지는 못한다. 그들이 알고 있는 것은 그들이 인생을 살면서 배운 것들이며 인생을 살면서 믿게 된 것들이다. 당신은 당신의 부모가 모든 상황에서 할 수 있는 최선을 다했다고 확신해도 좋다. 그들이 더 잘하지 못한 것이 있다면 그것은 그들이 더 알지 못했기 때문이다. 그들 역시 자신들에 대해 수없이 추측했고, 주변의 모든 사람들도 그들을 추측했던 것이 분명하다. 그들은 일차원의 꿈, 즉 **지하 세계**이자 우리가 **하데스**Hades나 **지옥**Hell이라고 부르는 꿈속에 살았다. 그들은 죽었다.

당연한 말이지만, 모든 기호들은 진실을 정확히 가리키지 않는다. 진실은 기호 **이면**에 존재한다. 진실은 기호에 담긴 의지나 의미meaning 속에 있다. 종교에서 지옥의 꿈을 묘사할 때 인간이 심판을 받고, 불구덩이에 던져지고, 영원한 형벌을 받는 곳이라고 말한다. 지옥에 대한 그러한 묘사는 인간의 평범한 꿈을 보여준다. 그와 똑같은 일이 인간의 마음 속에서도 벌어지기 때문이다. 인간의 내면에도 꺼지지 않는 불꽃 같은 공포가 온갖 추측과 죄책감과 정죄와 감정을 만들어낸다. 공포는 지하 세계를 지배하면서 동시에 우리의 지식을 왜곡시켜 우리의 현실 세계마저 집어 삼킨다. 공포는 불의와 감정의 격동이 횡행하는 세상을 만들어낸다. 그것은 수십억 명이 뒤엉켜 살아가는 거대한 악몽이다.

그렇다면 이 세상에서 가장 큰 두려움은 무엇인가? 그것은 진실에 대한 공포다. 인간은 진실을 두려워하기 때문에 수많은 거짓말을 믿는 법을 배운다. 물론 우리는 우리가 만들어내는 거짓들을 걱정하기도 한다. 하지만 지식을 쌓을수록 그것이 진실이든 허구이든 그로 인해 안전하다고 느낀다. 하지만 우리가 아는 것과 안다고 믿는 것들의 대부분은 진실이 아니기 때문에 우리는 결코 고통에서 벗어날 수 없다. 그러한 믿음은 단지 하나의 관점일 뿐이지만 우리는 그것을 믿을 뿐 아니라 우리 아이들에게도 똑같이 왜곡된 메시지를 전달한다. 이러한 악순환은 지속되고 그렇게 인간의 역사는 반복되고 또 반복된다.

오래전 현자들은 일차원의 꿈을 '수천 명의 사람들이 동시에 이야기하지만 실제로는 누구도 서로를 경청하지 않는 혼잡한 시장'에 비유하곤 했다. 톨텍인들은 이것을 '미토테mitote'라고 표현했다. '무성한 소문'을 뜻하는 나우아틀 단어다. 이 미토테 가운데서 우리는 우리 자신을 대적하는 언어를 사용하고, 사람들을 대적하는 언어를 사용하며 타인과 관계를 맺는다.

인간은 누구나 마술사다. 그리고 마술사들이 관계를 맺는 곳에는 어느 곳이든 저주의 주문이 발현된다. 어떻게 그것이 가능한가? 잘못된 언어를 사용하고, 모든 것을 개인의 책임으로 떠안고, 지각하는 모든 것을 추측하여 왜곡하고, 타인을 험담하고, 감정의 독을 퍼뜨리면 가능하다.

인간은 대체로 자신이 가장 사랑하는 사람들에게 주문을 걸며, 더 큰 권위를 가진 사람일수록 더 강력한 주문을 건다. 권위는 인간이 다른 인간을 통제하고 순응하게 만드는 힘이다. 당신은 어렸을 때 권위를 두려워했던 일을 기억할 것이며, 어른들이 권위를 두려워하던 모습도 보았을 것이다. 권위를 가진 언어는 다른 사람을 움직이기에 충분한 힘을 발휘한다. 그 이유는 무엇일까? **우리가 그 언어를 믿기 때문이다.**

만일 우리가 상징의 힘을 이해한다면 그 상징들이 우리를 어떻게 움직이는지 잘 알게 될 것이다. 우리의 행동 방식이나 타인과의 상호작용을 통해서도 알게 되지만, 주로 우리 자신과의 소통을 통해 느낄 수 있다. 우리는 어떤 생각이나 믿음, 혹은 이야기에 완전히 사로잡히곤 한다. 때로는 분노가 우리를 사로잡고, 때로는 질투가 우리를 얽어매며, 때로는 사랑이 우리를 삼켜버린다. 기호들은 우리의 마음을 사로잡기 위해 분투하는데, 시시각각 변화하는 천의 얼굴을 가지고 권위의 관점을 변경해 가며 우리를 통제한다. 헤아릴 수 없이 많은 기호들이 우리의 머릿속에 자리를 잡고 우리를 통제하려 한다. 앞에서 언급한 것처럼 모든 기호들은 살아 움직이고 그 생명은 **우리의 믿음**을 토대로 우리에게 접근한다.

기호들은 우리 머릿속에서 끊임없이 이야기한다. 결코 그치는 법이 없다. 마치 머릿속에서 모든 주변 상황을 중계해 주는 해설자가 살고 있는 것과도 같다. '이제 해가 지고 있군. 좋아. 나는 엄청 더워. 저 앞에 나무가 있네. 나무 옆에 서 있는 저 사람은 뭘 하고 있는 걸까? 저 남자는 무슨 생각을 하고 있는지 궁금해.' 지식의 목소리는 모든 것이 무엇을 의미하는지 알고자 한다. 그 목소리는 우리가 삶에서 일어나는 많은 일들을 숙고하는 것을 기다리지 못한다. 그리고 우리가 스스로에 대해 믿는 것과 믿지 않는 것들을 쉼 없이 이야기하고, 우리가 아닌 모습들과 우리가 될 수 없는 모습들을 쉬지 않고 상기시킨다.

일차원의 꿈을 꾸며 사는 세상은 지식의 목소리가 주최하는 리얼리티 쇼와도 같다. 그 쇼에서는 언제나 우리가 옳고 다른 사람들은 그르다. 우리가 가진 모든 것을 동원하여 쇼의 모든 장면을 정당화하기 때문이다. 그렇게 해서 우리가 사람들로부터 시청률 1위를 쟁취하고자 한다면, 이것이야말로 리얼리티 쇼가 아닌가! 우리는 모든 등장인물을 이야기를 통해 창조하지만, 그 등장인물들은 결코 실재하지 않는다. 그것은 결코 진실일 수 없다. 거대한 지식의 나무가 머릿속을 뒤덮고 있기 때문에 우리는 더 이상 진실을 바라보지 못한다. 그때 우리는 오직 우리 자신의 지식만을 인식하는데 그것은 거짓일 뿐이다. 우리가 거짓만을 인식할 때 우리의 생각은 지옥의 꿈속에 갇힌다. 우리는 더 이상 우리 주변에 존재하는 천국을 인식하지 못한다. 이것이 지옥으로 떨어진 인간의 모습이다.

아담과 이브의 이야기를 통해 우리는 지식의 나무에 머물던 뱀의 우화를 생각해 본다. 그 뱀은 왜곡된 메시지를 전달하던 타락

한 천사였다. 그는 거짓의 왕자Prince of Lies(사탄의 별명이다—옮긴이)였고 우리는 순수했다. 뱀은 우리에게 속삭였다. '하느님처럼 되고 싶은가?' 당신이 이 단순한 질문 이면에 도사린 속임수를 눈치챘는지 모르겠다. 우리가 만일 '아니, 그렇지 않아. 나도 이미 하느님이야'라고 대답했다면 우리는 지금도 천국을 거닐고 있을 것이다. 하지만 우리는 이렇게 답했다. '맞아, 나도 하느님처럼 되고 싶어.' 우리는 질문에 담긴 기만을 눈치채지 못했다. 결국 열매를 한 입 베어 물었고, 그 거짓말을 삼켜버렸다. 그리고 우리는 죽음을 맞이했다.

스스로에 대한 의심은 거짓을 눈치채지 못하고 열매를 베어 물게 만들었다. 의심을 품기 전에 우리는 열매의 존재를 알지도 못했다. 진실이 있었고 우리는 그것을 살아갈 뿐이었다. 우리가 거짓을 삼켜버리는 순간, 우리는 우리 자신이 하느님이라는 사실을 믿지 않게 된다. 그리고 그 순간부터 우리는 하느님을 찾아 헤맨다. 그러다가 하느님을 찾기 위해서는 성전을 지어야 한다고 믿는다. 하느님을 예배할 장소가 필요하다고 생각하기 때문이다. 우리는 하느님께 닿기 위해 모든 것을 희생해야 했다. 우리 자신의 내면에 고통을 만들고 그 고통을 하느님께 고하려 했다. 자신이 하느님이 아니라고 믿는 수천 명의 사람들은 거대한 성전을 건립했다. 다음 순서로 우리는 그 신에게 이름을 부여했다. 그 결과 하나의 종교가 탄생한다.

우리는 천둥의 신, 전쟁의 신, 사랑의 여신을 만들어 이를 각각 제우스Zeus와 마르스Mars와 아프로디테Aphrodite라고 이름 지었다. 이 신들을 믿고 숭배하는 수천, 수백만 명의 사람들도 생겨났다. 신들을 위해 자신의 목숨을 바치는 이들도 생겨났다. 심지어 신을 위해 자식을 제물로 바치는 이도 생겨났다. 자신이 믿는 신이 진실이라고 굳게 믿었기 때문이었다. 하지만 그들이 믿는 바가 진정 진실이었는가?

당신은 이제 깨달았을 것이다. 우리가 믿은 첫 번째 거짓말은 이것이었다. '나는 하느님이 아니야.' 이 거짓말로부터 다른 거짓말이, 그 다른 거짓말에서 또 다른 거짓말이 생겨나고 우리는 그것을 믿고 또 믿는다. 이내 헤아릴 수 없이 많은 거짓말들이 우리를 압도하기 시작한다. 그리고 우리는 우리 자신의 신성을 잃어버린다. 그리고 우리는 하느님이 가졌다는 아름다움과 완전함을 좇으며 하느님과 같이 되기를 바란다. 하느님의 '완벽한 형상'을 갖고자 한다. 그 완전함을 열망한다.

인간은 태생적인 이야기꾼이어서 아이들에게 완벽한 신을 이야기하면서도 우리가 잘못 행동했을 때 우리를 심판하고 벌하시는 신을 이야기한다. 우리는 착한 아이들에게 선물을 주는, '선good'하여서 마치 '신god'과도 같은 산타클로스에 대해 이야기한다. 이러한 메시지는 왜곡되기 쉽다. 그러나 정의로움을 놓고 거래를 하는 신은 존재하지 않는다. 산타클로스도 존재하지 않고, 우리 머릿속에 있는 그에 관한 지식도 실재하지 않는다.

당신이 기억하듯, 우리는 지식의 나무에 있던 뱀을 언급하면서 우리 자신의 왜곡된 반영에 대해 이야기했다. 지식의 나무에 있던 그 뱀은 우리가 정말로 두려워하는 그 사람이다. 그리고 우리가 두려워하는 것은 우리 자신의 반영이다. 참으로 어리석지 않은가? 당신이 거울에 비친 자기 모습을 바라보고 있다고 생각해 보자. 반영된 물체는 정확한 복사본으로 보이지만 사실은 실제의 반대다. 당신의 오른손은 거울 속에서 왼손이 된다. 진실은 반영되는 과정에서 언제나 왜곡된다.

어린 시절 우리 주변에 놓여 있던 거울은 언제나 우리의 관심을 끌었고 우리는 거울을 들여다보았다. 우리가 보았던 것은 기분에 따라 왜곡되고, 상황에 따라 왜곡되고, 각각의 지식을 정당화하기 위한 신념체계에 따라 왜곡된, 우리 자신의 왜곡된 이미지였다. 주변의 사람들은 자신들이 **믿는** 우리의 모습을 이야기하지만, 우리의 **진정한** 모습이 무엇인지를 알려주는 진실의 거울이란 존재하지 않는다. 모든 거울이 완전히 뒤틀려 있다. 사람들은 자신들이 믿는 것을 우리에게 투영하지만 그들이 믿는 거의 모든 것들은 거짓이다. 우리는 지금 그것을 믿을 수도 있고 믿지 않을 수도 있지만, 어린 시절 우리는 순수했고 사람들이 말하는 거의 모든 것을 믿었다. 우리는 거짓에 믿음을 투사했다. 그것에 생명을 부여했고 권력을 부여했다. 그러자 그 거짓말들이 우리의 삶을 지배하게 되었다.

「거짓의 왕자Pince of Lies」라는 이야기는 하나의 우화일 뿐이지만, 인과를 암시하는 상징으로 이루어진 아름다운 이야기다. 내게 이 이야기가 주는 의미는 명료하다. 우리가 신이 아니라는 꿈을 꾸기 시작하면 거대한 악몽이 시작된다. 우리는 낙원에서 미끄러져 **지옥**이라고 부르는 지하 세계로 빨려 들어간다. 그리고 하느님을 찾기 시작하고 **우리 자신**을 찾기 시작한다. 지식의 나무가 우리 삶을 대신 살고, 우리의 진정한 자아는 죽는다.

이러한 상황을 설명해 주는 또 다른 이야기가 있다. 예수 그리스도는 제자들과 함께 길을 가다가 자신의 가르침을 충실히 따르고자 하는 사람을 보았다. 예수는 그에게 다가가 말했다. "와서 우리와 함께하십시오." 남자는 이렇게 답했다. "그렇게 하고 싶습니다. 그런데 아버지가 돌아가셔서 장례를 치러야 합니다. 그 뒤에 당신을 따르겠습니다." 그러자 예수가 말했다. "죽은 자들로 하여금 죽은 자들을 장사하게 하십시오. 당신은 산 자입니다. 함께 갑시다."

이 이야기를 이해한다면 당신이 깨어 있지 않을 때, 혹은 당신 자신이 누구인지 알지 못할 때 당신은 '죽은 사람'이라는 것을 쉽게 알 수 있다. 당신은 **진실**이다. 당신은 **생명**이며, **사랑**이다. 하지만 길들임의 과정에서 당신 외부의 꿈이자 세상의 꿈이 당신의 마음을 사로잡고 당신의 믿음을 만들어간다. 당신은 조금씩 조금씩 당신 밖의 꿈을 모사模寫하기 시작한다. 당신은 주변 사람들과 주변의 모든 것들을 모사하기 시작한다. 당신은 사람들의 신념뿐 아니라 행동까지 모사하기 시작한다. 즉 그들의 언어뿐 아니라 그들의 삶까지 모사한다. 당신은 심지어 사람들의 감정 상태를 인지하고 그들의 감정까지 모사한다.

당신은 **진정한** 당신이 아니다. 왜냐하면 스스로 형성한 왜곡된 이미지에 사로잡혀 있기 때문이다. 그리고 이 이야기를 이해하는 것은 조금 어려울 수 있지만, 지금까지 **당신**을 소유한 것은 당신이었다. 당신을 소유한 것이 **가상의** 당신이었다는 뜻이다. 가상의 당신은 당신이 **생각하는** 당신이고, 당신이라고 **믿는** 당신이다. 당신이 만들어낸 당신이라는 이미지는 매우 큰 힘을 가진다. 그러한 삶은 시간이 지남에 따라 익숙해지고, 결국 당신은 당신이 생각하는 사람인 척하는 데 완전히 숙달하게 된다. 그리고 그렇게 왜곡된 당신의 모습은 당신의 무덤이 된다. 왜냐하면 진정한 당신은 당신의 삶을 살아가는 그 사람이 아니기 때문이다. 당신의 삶을 살아가는 그 사람은 누구인가?

당신 삶의 굴곡과 고통을 창조하는 사람이 진정한 당신인가? '인생은 눈물의 계곡일 뿐이고 인간은 그 고통을 감수하기 위해 태어난 존재인가!'라고 한탄하는 사람이 진정한 당신인가? 스스로를 판단하고 처벌하며, 다른 사람들까지 끌어와 자신을 비판하는 사람이 진정한 당신인가? 당신의 신체를 학대하는 사람이 진정한 당신인가? 당신 자신을 싫어하는 사람이 진정한 당신인가? 이 모든 것을 꿈꾸는 사람이 **정말로** 진정한 당신인가?

그렇지 않다. 그 사람은 진정한 당신이 아니다. 당신은 죽었고, 그것이 진실이다. 그렇다면 죽은 당신이 삶을 되찾는 데 있어서 가장 중요한 것은 무엇인가? 바로 '참된 앎'이다. 앎을 회복하면 당신은 부활할 수 있고 삶을 되찾을 수 있다. 기독교 전통에서 부활절은 그리스도께서 죽은 자 가운데서 다시 살아나신 신성을 세상에 널리 알리는 날이다. 당신이 여기에 살아 있는 이유도 그와 같다. 죽음에서 깨어나 당신의 신성을 회복하기 위해서다. 이제는 환상의 세계와 거짓의 세계로부터 벗어나 자신의 진실 속으로, 자신의 원래 모습으로 돌아가야 한다. 거짓의 모습을 떨쳐버리고 진정한 당신으로 되돌아가야 한다. 그렇게 하기 위해서 당신은 삶을 회복해야 한다. 그것이 진실이다.

참된 앎은 삶을 회복하는 가장 중요한 열쇠고, 그것이야말로 톨텍의 지상과제다. 참된 앎은 당신을 일차원의 꿈에서 이차원의 꿈으로 안내한다. 그곳에서 당신은 당신의 머릿속을 지배하는 모든 거짓에 반기를 들기 시작한다. 당신이 반기를 들면 당신의 견고했던 꿈에도 균열이 발생하기 시작한다.

톨텍의 두 번째 세계

: 이차원의 꿈

우리를 지배하던 것들에
전쟁을 선포하라

꿈꾸는 법을 처음 배웠을 때 우리는 이를 반기지 않았고 심지어 거부감을 가지기도 했다. 그럼에도 타인의 꿈을 있는 그대로 받아들여야 했다. 이유야 어찌됐든 우리는 자신의 삶의 방식에 만족할 수 없다는 사실을 알게 되었다. 우리는 우리가 꾸는 꿈의 실상을 알게 되었고 더 이상 그 꿈을 지속할 수 없었다. 이제 우리는 기존의 꿈을 폐기하고 다른 차원의 마음을 사용하여 다른 차원의 꿈을 창조하고자 한다. 톨텍인들은 이것을 **이차원의 꿈** the dream of the second attention, 혹은 **전사의 꿈**the dream of the warriors 이라고 부른다. 왜냐하면 이 단계의 우리는 우리의 지식을 지배하고 있던 것들에게 전쟁을 선포해야 하기 때문이다.

이차원의 꿈에서 우리는 의심하기 시작한다. 어쩌면 내가 배운 모든 것이 진실이 아닐지도 모른다고 생각하게 된 것이다. 그때부터 우리는 우리가 믿는 것들을 돌아보기 시작한다. 그리고 우리가 배운 모든 관점들에 의문을 제기하기 시작한다. 우리 생각을 완전히 통제해서 하고 싶지도 않고 좋아하지도 않는 많은 일을 강요하는 어떤 존재가 머릿속을 차지하고 있다는 생각을 하게 된다. 그리고 어느 순간이 되면 좋아하지 않는 일들에 거부감을 느끼기 시작한다. 기존의 습성들을 거부하는 과정에서 우리는 자아의 진정성을 회복하기 위해, 즉 자아의 **온전성**integrity, 혹은 자아의 **전체성**totality이라 부르는 것을 회복하기 위해 분투한다.

일차원의 꿈에서 진정한 자아는 무의미했고 온전한 피해자였다. 우리는 반항하지 않았다. 심지어 그러한 시도조차 하지 못했다. 하지만 우리는 더 이상 희생자로 남고 싶어 하지 않으며, 오히려 도전하여 세상을 바꾸고자 한다. 우리는 개인의 자유, 즉 진정한 우리 자신이 될 수 있는 자유이자 진정으로 하고 싶은 일을 할 수 있는 자유를 되찾기 위해 노력한다. 그러므로 전사들의 세계는 투쟁의 세계다. 우리는 좋아하지 않는 현실을 바꾸기 위해 투쟁해야 하며 그 노력을 끊임없이 반복해야 한다. 그 전쟁은 끝나지 않을 것처럼 보일 것이다.

전사의 꿈속에서 우리는 전쟁을 벌여야 하지만 그 전쟁은 타인을 상대로 하는 것이 아니다. 그것은 당신 외부에 있는 다른 꿈들과 관련이 없다. 모든 일은 당신의 마음속에서 벌어진다. 우리를 각자의 지옥으로 인도하는 모든 선택들은 우리 마음속 영역 사이의 전쟁이다. 그것은 진정한 자아의 반대편에 놓여 있다. **폭군, 심판관, 율법, 신념체계** 등으로 부르는 것들 사이의 전쟁이다. 세계관 사이의 전쟁이며, 입장들 사이의 전쟁이며, 신념들 사이의 전쟁이다. 이 전쟁은 인간의 정신을 지배하기 위해 싸우기 때문에 나는 이를 **신들의 전쟁**이라고 부른다. 고대의 신들처럼 전쟁은 인간의 희생을 요구한다.

우리가 더 이상 인신을 제물로 바치지는 않지만 신을 위한 인간의 희생은 여전히 벌어지고 있다. 물론 우리는 신의 이름을 바꾼다. 우리가 '**신**'이라고 부르는 모든 상징의 의미들은 바뀌었다. 우리는 더 이상 아폴론을 믿지 않으며, 제우스를 믿지 않으며, 오시리스를 믿지 않는다. 우리는 정의를 믿고 자유를 믿으며 민주주의를 믿는다. 이것들은 새로운 신의 이름이다. 우리는 이 기호들에 우리가 가진 힘을 투사했고, 그들을 신들의 영역으로 모셨고, 신들의 이름으로 우리의 삶을 희생한다. 인간의 희생은 전 세계에서 언제나 벌어지고 있으며 우리는 그 결과를 확인할 수도 있다. 우리는 폭력을 목격하고, 범죄를 목격하고, 가득 들어찬 감옥을 목격하고, 전쟁을 목격하고, 인간 세상에 파다한 지옥의 꿈을 목격하고 있다. 왜냐하면 우리는 우리의 지식에 담긴 수많은 미신과 왜곡들을 있는 그대로 믿기 때문이다. 그래서 우리는 전쟁을 일으키고 그 전쟁에 젊은이들을 보내 희생시키고 제물로 바친다. 많은 사람은 자신들이 무엇을 위해 싸우는지조차 알지 못한다.

세계의 대도시에는 조직폭력배들이 활개를 치곤 한다. 젊은이들은 이익이나 자존심이라는 허울 아래, 혹은 자신들이 믿는 신의 이름을 걸고 서로를 희생 제물로 삼는다. 자존심을 걸고 다투고, 지역의 패권을 두고 갈등하며, 때로는 머릿속으로 생각하는 명분이나 재킷 안에 숨긴 금품을 걸고 혈투를 벌인다. 그리고 스스로를 희생한다. 이 지구에서 우리는 가장 작은 구획에서부터 가장 큰 국경에 이르기까지 존재하지 않는 것을 위해 신을 옹립하고 그를 수호하고자 하는 사람들의 집단을 본다. 전쟁은 자신들의 머릿속에서 벌어지고 있음에도 그들은 그 전쟁을 자신들 밖으로 확장하여 수많은 사람들을 죽음으로 내몬다.

사람들은 더 이상 인신공양人身供養을 믿지 않을 것이다. 하지만 그 대신 "내가 희생을 감수하겠어. 나에게 총을 준다면 저들이 나를 죽이기 전에 내가 저들을 최대한 처단할 거야"라고 말하는 사람들이 생겨나고 있다. 우리는 지금 심판에 관한 이야기를 하고 있는 것이 아니다. 이것은 현실에서 벌어지고 있는 일이다. 나는 인간의 희생이 잘못된 것이라고 말하려는 것이 아니다. 이것은 정말로 벌어지고 있는 일이며, 전 세계의 다양한 문화에서 매일같이 목격되기 때문에 부인할 수도 없는 사실이다. 우리는 현실을 목도하기도 하고 때로는 그 현실에 연루되기도 한다. 만일 누군가가 실수하여 기성의 규칙을 깨뜨린다면 우리는 어떻게 하는가? "저 사람을 처벌하자. 저 사람을 심판하자. 저 사람의 뒤를 캐보자"고 말한다. 하지만 그것은 또 다른 형식의 인신공양이다. 세상에는 규칙이 많고 어쩌면 그 규칙에 어긋나는 것이 가장 큰 죄가 될 것이다. 규칙들 일부는 완전히 부자연스러울 수 있다. 하지만 우리는 규칙을 만들고 그것을 준수하는 데 동의했으며, 그것이 지금 필요하다고 생각한다면, 더 이상 필요하지 않을 때까지 그것을 엄수할 것이다.

인간은 너무도 많은 거짓말을 믿고 있기 때문에 아주 사소한 생각으로도 스스로를 고통으로 몰아넣을 수 있는 악마가 된다. 그것은 대체로 성급한 속단으로 만들어지는데 특히 스스로 만든 추측일 뿐이라는 게 핵심이다. "난 참 불쌍해. 아홉 살 때 벌어진 일들만 봐도 그래. 어젯밤에 벌어진 그 일은 또 어떻고!" 하지만 어떤 일이든 과거의 일은 더 이상 진실이 아니다. 그 일은 매우 끔찍한 일일 수도 있지만, 지금 이 순간에는 그것이 사실이 아니다. 왜냐하면 당신이 살고 있는 지금 이 순간이 유일한 진실이기 때문이다. 과거에 벌어진 사건은 이미 가상현실이 되었고, 당신의 신체에 나타난 일은 오래전에 치유되었다. 하지만 마음의 상처는 당신에게 오랫동안 고통을 주고 당신을 부끄러움 속에서 살아가도록 만들 수 있다. 인간은 누구나 살면서 겪은 철 지난 과거를 짊어지고 다니는데, 그것은 마치 무거운 시체를 끌고 다니는 것과도 같다. 무거운 것이 문제가 아니다. 악취가 난다. 우리들 가운데 많은 사람들이 시체를 한 구 끌고 다니며 사랑하는 사람들과 공유하고자 한다. 자신이 가진 강렬했던 기억들로 현재를 꾸며놓고 그것을 되살리고 재현하는 일을 반복한다. 그 경험들을 떠올릴 때마다 우리는 우리 자신을 벌하고, 주변 사람들을 벌하고, 벌하고, 또 벌한다.

인간은 한 가지 실수를 저지른 뒤 수천 번, 혹은 수만 번 반복해서 자책하며, 다른 사람의 같은 잘못에 대해서도 수천 번, 혹은 수만 번 반복해서 책망하는 유일한 동물이다. 우리 자신의 머릿속에 정의正義가 존재해 본 적이 없는데 어떻게 외부 세상의 불의不義에 대해 이야기할 수 있을까? 우주 전체는 정의가 지배하지만, 그것은 우리 인간이 창조하는 왜곡된 정의가 아닌 온전한 정의가 지배한다. 온전한 정의는 내가 **인과**action-reaction라고 부르는 원리를 마주하는 일이다. 우리는 인과의 세계를 살아가고 있다. 모든 원인에는 결과가 따른다. 진정한 정의는 우리가 범하는 각각의 실수에 대해 한 번씩의 대가를 치르는 것이다. 그런데 우리가 범하는 각각의 실수에 대해 여러 차례씩 대가를 치러야 한다면? 그것은 분명히 정의가 아니다.

당신이 10년 전의 실수에 대해 죄책감과 수치심을 안고 살아가고 있다고 가정해 보자. 고통 받는 이유는 '내가 끔찍한 실수를 저질렀다'라는 사실이다. 당신은 10년 전에 벌어진 일로 인해 여전히 고통받고 있다고 생각한다. 그러나 이것은 진실이 아니다. 당신은 10초 전에 벌어진 일로 고통을 받고 있다. 당신은 같은 실수에 대해 또다시 자신을 판단했고, 내면의 재판관은 당연히 "너는 벌을 받아야 한다"라고 선언했을 것이다. 이것은 단순한 인과의 작용이다. **원인**은 '당신 스스로에 대한 판단'이며 **결과**는 '정죄와 수치심의 형식을 빌린 자기 처벌'이다. 당신은 평생 동안 같은 행동을 반복하면서 다른 결과가 나타나기를 기대한다. 하지만 그런 일은 결코 일어나지 않는다. 당신의 삶을 바꾸는 유일한 일은 행동을 바꾸는 것이다. 그렇게 한다면 결과가 바뀔 것이다.

지식의 목소리로 존재하는 당신이 살아 있는 당신을 어떻게 상처 주고 있는지 알겠는가? 당신은 당신이 배운 모든 기호들을 통해 생각하고 판단한다. 그리고 당신은 인간을 학대하는 이야기를 창조하고 있다. 인간이 학대를 당한다면 그로 인해 돌아오는 정상적인 반응은 분노와 증오, 질투, 혹은 자신을 고통 속으로 몰아넣는 감정들이다. 우리의 신경계는 감정의 공장이며, 우리의 감정은 우리가 지각하는 것들에 좌우된다. 그리고 우리는 우리 자신의 판단과, 우리 자신의 신념체계와, 우리 내부에 있는 지식의 목소리에 따라 움직인다. 우리의 가상현실을 지배하는 재판관들과 피해자들과 온갖 신념체계들 가운데서 우리가 발산하는 감정들은 공포와 분노, 질투, 죄책감, 수치심뿐이다. 그 밖에 우리가 어떤 감정을 느낄 수 있겠는가? 사랑? 일시적인 경우를 제외한다면 그것은 쉽지 않다.

언어는 눈에 보이지 않지만 우리는 그 힘이 발현되는 양상을 느낄 수 있다. 언어의 발현은 당신의 삶이기 때문이다. 당신의 언어에 나타나는 흠결 없음의 정도는 당신이 보이는 감정의 양상을 통해 드러난다. 당신은 행복을 느끼는가 아니면 고통을 느끼는가? 당신이 만일 당신의 꿈을 행복해 하거나, 혹은 고통스러워한다면 그것은 당신이 그렇게 만들고 있기 때문이다. 물론 당신의 부모와 당신의 종교, 학교, 정부, 그리고 사회 전체가 당신의 꿈을 형성하는 데 일조했고 당신에게 선택의 여지가 많지 않았던 것도 사실이다. 하지만 지금은 그렇지 않다. 당신은 천국을 만들 수도 있고 지옥을 창조할 수도 있다. 어느 쪽이든 모든 것은 당신 안에 존재하는 마음의 상태라는 사실을 잊지 말아야 한다.

당신은 행복해지기를 원하는가? 그렇다면 행복해져서 그 행복을 누려야 한다. 혹시 고통받는 것을 좋아하는가? 그렇다면 그 고통을 즐기는 것이 어떤가. 당신이 만일 지옥을 만들기로 작정했다면, 괜찮다. 울부짖고 고통받으며 당신의 고통을 예술로 승화시켜 보라. 하지만 당신이 참된 앎을 얻는다면 지옥을 선택하는 일은 벌어지지 않을 것이다. 천국을 선택할 것이기 때문이다.

천국을 선택하는 것은 흠결 없는 언어를 구사하는 데서 시작된다. 당신이 만일 흠결 없는 언어를 말한다면 어떻게 스스로를 함부로 판단하겠는가? 어떻게 자신을 비난하겠는가? 어떻게 죄책감과 수치심을 품고 있겠는가? 당신이 그러한 감정들을 만들어내지 않는다면 당신은 행복한 기분을 느낄 것이다. 당신은 미소를 되찾을 것이며 온전한 자신을 회복할 것이다. 당신은 다른 사람의 모습을 가장할 필요가 없다. 당신이 아닌 사람이 되기 위해 노력할 필요도 없다. 어떤 모습이든 매 순간 당신 자신이 될 것이다. 그 순간 당신은 당신 자신의 모습을 받아들일 것이다. 당신이 자신을 사랑한다면, 당신은 당신으로 존재하는 것이 기쁠 것이고 자신을 대적하는 기호들을 사용하여 스스로를 학대할 이유도 없을 것이다.

내가 참된 앎이 중요하다고 반복해서 이야기하는 것도 이 때문이다. 기호들의 폭정暴政은 매우 강력하다. 이차원의 꿈을 꾸는 전사들은 상징이 어떻게 인간을 지배하게 되었는지 알아내고자 한다. 전사들이 참전하는 전쟁은 우리 자신이 창조한 것들에 대항하기 위한 것이지 우리가 상징을 싫어하기 때문은 아니다. 상징은 훌륭한 창조물이다. 그것은 우리가 만든 예술일 뿐 아니라, 의사소통을 할 때 매우 편리하게 이용할 수 있는 기호다. 하지만 우리가 우리의 힘을 그 상징들에 전적으로 투사할 때 우리는 무력해지고 만다. 우리는 그곳으로부터 구출되어야만 한다. 하지만 스스로를 구출할 힘이 없기 때문에 구원자를 필요로 한다.

우리는 자신의 바깥을 바라보며 외친다. '신이시여, 우리를 구원해 주소서.' 하지만 하느님이 그 문제를 해결해 줄 수는 없다. 예수님이나 부처님, 모세, 모하메드는 물론이고 그 어떤 성인이나 무속, 종교, 선지자들도 우리를 구원할 수 없다. 우리를 구원해 주지 않는다고 해서 그들을 비난할 수도 없다. 누구도 그렇게 할 수 없기 때문이다. 누구도 우리 자신이 만든 가상현실에서 벌어지는 일들에 대해 책임이 있지 않기 때문이다. 신부님도, 목사님도, 랍비도, 무속인도 그 어떤 전문가도 우리 각자의 세상을 바꿀 수 없다. 남편도, 아내도, 아이들도, 친구들도 나의 내면세계를 바꿀 수 없다. 누구도 그 내밀한 세상을 바꿀 수 없다. 그 세상은 우리 각자의 내부에 펼쳐져 있기 때문이다.

많은 사람은 예수님이 우리를 죄에서 구원하기 위해 죽으셨다고 말한다. 놀랍고 감동적인 삶이다. 하지만 예수님도 우리 삶에 개입하여 우리의 선택을 대신하지 않는다. 예수님은 우리를 구원하시는 대신 우리가 어떻게 해야 할지 조언하신다. 도움이 필요한가? 그렇다면 진실을 추구해야 하고, 용서해야 하고, 이웃을 사랑해야 한다고 말씀하신다. 그는 우리에게 많은 것들을 알려주셨지만 정작 우리는 이렇게 생각한다. '아니요. 저는 용서할 수 없습니다. 감정의 독이 퍼지는 것을 감수할지라도 자존심과 분노와 질투를 거둘 수는 없습니다.' 만일 우리가 사랑하는 사람과 싸우거나 주변의 많은 일에서 분란을 일으키고 있다면, 우리가 인과의 세계를 살고 있다는 사실을 기억해야 한다.

우리는 먼저 두 손으로 움켜잡고 있는 것을 놓아야 한다. 용서해야 한다. 왜냐하면 용서는 감정의 독이 가득한 우리의 감정체를 정화하는 유일한 방책이기 때문이다. 우리는 누구나 감정적인 상처를 가지고 있으며 그 상처에 감정의 독을 품고 있다. 누구나 그러하다. 우리가 살을 베거나 넘어져 뼈가 부러지면 고통을 느끼는 것이 정상인 것처럼, 감정체 역시 상처를 느낀다. 우리가 살아 있기 때문이며, 우리가 포식자들에 둘러싸여 있거나 우리 스스로 포식자였던 경험 때문에 더욱 그러하다. 하지만 누구를 탓할 수는 없다. 모든 것이 자연스러운 일이다. 만일 우리가 누군가를 비난한다면 그 생각을 만드는 것은 우리가 품고 있는 감정의 독이다. 우리는 누군가를 비난하는 대신 스스로를 치유하는 책임 있는 모습을 선택할 수 있다.

당신이 만일 당신을 구원해 줄 누군가를 고대하고 있다면, 그보다 당신 스스로를 구원하는 것이 옳다. 당신이 당신의 구원자다. 물론 당신을 깨달음으로 안내하며 전쟁에서 승리하는 데 도움을 줄 스승을 찾을 수는 있다. 당신 자신의 예술을 통해 당신의 삶을 천상의 예술로 만드는 방법을 알려주는 예술가를 찾을 수도 있다. 하지만 당신이 찾던 그 예술가는 이렇게 말할 것이다. "저는 당신이 좋습니다. 당신이 저의 제자가 되었으면 좋겠습니다. 함께하시면 제가 가르침을 드리겠습니다. 거장 예술가가 되는 첫 번째 방법이자 가장 중요한 일은 **흠결 없는 언어로 말하는 일**입니다. 매우 간단한 일이지요. 당신은 당신의 이야기를 하시면 됩니다. 당신 자신을 대적하는 이야기는 할 필요가 없습니다. 두 번째 방법은 **어떤 것도 당신 개인의 문제로 떠안지 않는 것**입니다. 당신이 여기에 동의한다면 당신에게 큰 도움이 될 것이며 삶의 고난이 상당 부분 사라질 것입니다. 세 번째는 **함부로 추측하지 않는 것**입니다. 스스로 자신의 지옥을 만들지 마십시오. 거짓과 미신을 믿는 일을 그만두셔야 합니다. 네 번째는 **항상 최선을 다하는 것**입니다. 실행을 두려워하지 마십시오. 연습은 모든 것을 숙달하게 만듭니다. 매우 단순한 일입니다."

시간이 지나면 당신 스스로 만든 피조물들이 전혀 다른 관점으로 보이는 순간이 도래한다. 당신 자신이 삶의 예술적인 창조자라는 사실을 깨닫기 시작한다. 캔버스를 만들고, 그 위에 색을 입히고, 붓질을 하면서 예술을 만드는 사람은 당신 자신이다. 자신의 믿음을 자신의 예술로 투사하는 사람도 당신 자신이다. 훗날 당신은 이렇게 말할 수 있을 것이다. "내가 창조하는 이야기는 정말 멋져.

하지만 그것을 맹신하지 않아. 나는 나 자신의 이야기도, 다른 누구의 이야기도 맹신하지 않아. 모든 것은 예술이라는 것을 나는 알고 있어." 이렇게 생각하는 것이 바로 다섯 번째 지혜다. 우리는 상식으로 돌아와야 하고, 진실로 회귀해야 하고, 진정한 당신을 회복해야 한다. 그러기 위해선 **의심하는 사람이 되어야 한다. 그러나 경청할 줄 알아야 한다.**

당신이 이차원의 꿈속에 있다면 전쟁에서 승리하여 당신의 세계를 바꾸는 데 필요한 도구를 가져야 한다. 그 도구는 우리가 추구하는 지혜의 전부를 돕는다. 모두 당신의 꿈을 변화시키고 그 꿈을 숙달시키는 도구다. 그 도구들로 무엇을 할 것인지는 당신에게 달려 있다. 다섯 가지 단순한 지혜들은 당신이 평생을 걸쳐 형성한 억압과 공포에 근거한 관념들에 의심의 씨앗을 심을 힘을 가졌다. 당신이 축적한 지식들 속에 숨어 있는 거짓말들을 떨쳐내는 유일한 방법은 주의력을 연마하는 것이다. 주의력을 가다듬어 당신이 가진 꿈들을 선별하고, 그 주의력을 활용하여 일차원의 꿈들을 떨쳐낼 수 있다.

앞의 네 가지 지혜는 당신의 주의력을 일깨우고 이차원의 꿈을 꾸어 당신이 당신의 천국을 만들 수 있도록 돕는 도구가 된다. 다섯 번째 지혜는 기호의 폭정에 맞서는 전쟁에서 승리하기 위한 도구다. 네 가지 지혜는 개인적인 변화를 돕는 도구이며, 다섯 번째 지혜는 개인적인 변화의 끝이다. 동시에 자신에게 줄 수 있는 가장 큰 선물을 스스로에게 선사하게 만드는 시작점이 된다. 여기서 말한 선물은 바로 **의심**이다.

우리는 우리를 천국에서 끌어내린 것이 의심하는 마음이라고 말해왔다. 아담과 이브의 이야기에서 우리 자신이 하느님인지에 대해 의심할 때, 그 의심은 또 다른 의심의 문을 열고, 또 다른 의심의 문을 열고, 또 다른 의심의 문을 연다. 이처럼 진실을 의심할 경우, 거짓을 믿는 출발점이 될 수 있다. 너무 많은 거짓말을 믿게 되면 더 이상 진실을 보지 못하게 되어서 결국 천국의 꿈에서 멀어지게 된다. 하지만 생각해 보라. 우리를 다시 천국으로 귀환시키는 것도 의심이다. 의심은 믿음을 회복하고, 우리가 믿었던 모든 거짓과 미신에서 우리의 힘을 되찾고, 그 힘을 우리 자신이 갖도록 돕는 도구다. 물론 우리는 우리 자신을 의심하고, 진리를 의심하고, 스스로를 의심하는 데 의심의 힘을 사용할 수 있다.

의심은 우리가 지옥으로 떨어질 때도, 지옥을 벗어날 때도 필요한 위대한 창조물이다. 어느 쪽이든 의심은 상징의 품에 안길 때 문을 열어주고, 상징의 억압에서 벗어날 때 문을 닫아준다. 만일 우리가 우리 자신을 의심하고 진실을 의심한다면 평생 우리의 생각을 통제했던 지식의 나무가 우리를 휘감은 채 놓아주지 않을 것이다. 지식의 목소리가 다시 우리에게 속삭이기 시작하고, 우리는 모든 기호와 추측과 **생각**과 함께 몰려드는 분노와 질투와 불의를 드러내기 시작한다.

그렇다면 자신을 의심하는 대신 **자신**을 믿어야 한다. 진실을 의심하는 대신 거짓을 의심해야 한다. 당신은 **거짓을 의심하는 사람이 되어야 한다. 그리고 경청할 줄 알아야 한다.** 다섯 번째 지혜는 천국으로 향하는 문을 열어준다. 하지만 그다음은 당신의 몫이다. 지혜는 천국에서의 삶에 관한 이야기이며 당신 안에 존재하는 천국에 관한 이야기다. 그것은 기호에 대한 당신의 집착을 떨쳐내는 이야기이며, 더욱 심각하게 이야기한다면 당신의 이름조차 벗어던지고 영원에 귀의하여 진정한 자신을 찾는 이야기다. 일말의 의심 없이 당신 자신에게 신뢰를 보내는 이야기다. 당신을 향한 조금의 의심이 천국의 꿈을 훼손할 수 있다.

당신이 자신에 대한 신뢰를 가지고 있다면 당신이 태어날 때부터 가지고 있던 본능에 따르게 된다. 당신 자신에 대한 의구심이 없으며 보편적인 상식에 따라 행동한다. 당신은 진정한 당신이 가진 모든 힘을 가지고 있다. 스스로를 신뢰하며 그 **삶**을 신뢰한다. 당신은 모든 것이 잘될 것이라고 굳게 믿는다. 그렇게 신뢰를 받는 삶은 매우 쉬운 길을 따르게 된다. 그러한 마음을 가졌다면 더 이상 모든 것을 이해할 필요가 없으며 모든 것을 **알** 필요도 없다. 당신은 어떤 것을 알고 있고 어떤 것은 알지 못하지만, 당신이 알든 모르든 자신을 의심하지 않는다. 당신이 그것을 모른다면 모른다는 그 사실을 받아들이면 된다. 모르는 것을 아는 척할 필요가 없다. 당신이 온전히 당신 자신일 수 있다면 당신은 의심할 필요가 없다. 당신 스스로에게 진실만을 말할 것이다. "나는 이것이 좋아. 나는 이것이 싫어. 나는 저것을 하고 싶어. 나는 저것을 하고 싶지 않아." 당신은 하고 싶지 않은 일을 할 필요가 없다. 그저 원하는 일을 하면서 그것을 즐기면 된다.

다른 사람을 위해 자신을 희생하려 할 때 우리 삶의 고난이 시작된다. 분명한 사실은 당신이 누군가를 위해 자신을 희생할 목적으로 지금의 자리에 있는 것이 아니라는 점이다. 당신은 타인의 의견이나 입장을 충족하기 위해 그곳에 있는 것이 아니다. **이차원의 꿈**에서 가장 처음 마주하는 장애물은 당신이 **진정한** 자아를 찾는 것에 대한 두려움이다. 당신이 만일 이 장애물을 넘어서고자 하는 용기가 있다면 두려움을 불러오는 모든 이유가 실제로는 존재하지 않는다는 사실을 알게 될 것이다. 그리고 자신이 아닌 사람이 되려고 노력하는 것보다 자기 자신이 되는 것이 훨씬 쉽다는 것을 알게 될 것이다. 지옥의 꿈에서 당신은 가면을 쓰고 연기하면서 많은 에너지를 소모하기 때문에 매우 피곤해진다. 당신은 남들을 기만하는 것에 지치고, 당신이 아닌 역할에 소진된다. 당신 자신으로 살아가는 것이 당신이 할 수 있는 최선의 삶이다. 당신이 당신 자신이라면 원하는 것은 무엇이든 할 수 있으며, 믿고 싶은 것은 무엇이든 믿을 수 있다. 당신 자신을 포함해서 말이다.

자기 자신을 믿는 일, 기호들 대신 **자신**에게 신뢰를 부여하는 일은 얼마나 어려울까? 당신은 과학 이론들이나 수많은 종교 교리, 학설 주장 등을 신뢰할 수 있지만 그것은 **진정한** 믿음이 아니다. 당신 자신에 대한 믿음이 진정한 믿음이다. 진정한 믿음은 당신 자신을 조건 없이 신뢰하는 것이다. 왜냐하면 당신은 당신이 누구인지 알고 있으며 당신이 정말로 누구인지 아는 것이 그 자체로 진실이기 때문이다.

당신이 만일 자신이 누구인지에 대해 진정한 앎을 얻는다면 당신의 머릿속에서 벌어지는 전쟁은 사실상 종료된다. 세상의 모든 기호들을 창조하는 사람은 누구도 아닌 당신이다. 당신이 구사하는 언어의 힘이 어디에서 비롯되는지도 명확하다. 당신의 말은 당신에게 막강한 힘을 가지며 그 무엇도 그 말이 가진 힘을 막을 수 없다. 당신은 기호의 지배를 받는 대신 기호를 지배하고 있기 때문에 흠결 없는 언어를 구사할 수 있다. 당신이 흠결 없는 언어로 말하고 있다면 당신은 진실에 기반을 둔 판단을 내리고 있으며, 이로 인해 폭군과의 전쟁에서도 승리를 거둘 수 있다. 당신의 명령에 따라 사용될 준비가 된 언어는 이미 존재하지만, 그 언어는 당신이 사용하고 소통하여 누군가와 직접적으로 관계할 때만 의미를 가진다. 당신이 사용하지 않는다면 그 언어들은 다시금 무의미한 상태로 돌아간다.

　이차원의 꿈이 끝날 무렵이 되면, 기존의 삶의 방식은 허물어지기 시작하고 당신이 마주하는 현실도 새롭게 변모한다. 당신이 더 이상 경직된 방식의 신념을 통해 세상을 인식하지 않기 때문이다. 전쟁은 끝이 났다. 당신은 더 이상 거짓에 믿음을 투사하지 않는다. 거짓은 여전히 존재하지만 당신은 그것을 **믿지 않는다.** 진실도 여전히 존재하지만 그것 또한 믿을 필요가 없다. 당신은 더 이상 어떤 것도 믿을 필요가 없다. 하지만 당신이 진실을 보고 있다는 사실은 알 수 있다. 진실은 눈앞에 있으며 고유하고 또한 완벽하다. 주변의 다른 사람들이 꾸는 꿈은 당신에게 중요하지 않다. 당신이 진실을 보게 된다면 다른 사람이 어떤 꿈을 꾸든 무슨 상관인가? 중요한 것은 당신 자신의 경험이다. 당신이 믿는 바를 직면하고 진실에 직면해서, 내밀한 싸움에서 승리하기 위해 자신이 가진 모든 수단을 활용해 보는 경험이 그것이다.

　당신은 자신을 누구와 비교할 필요가 없다. 당신의 자아를 다른 이의 자아와 비교할 필요가 없기 때문이다. 당신은 당신 자신으로 머물러 있으면 된다. 당신은 사랑이 필요하지만, 당신에게 소유욕을 불러일으키고 당신에게 맹신을 강요하는 사랑이 아닌, 타인을 질투하고 타인을 소유하는 사랑이 아닌, 당신에게 지옥의 형벌과 고통을 선사하는 사랑이 아닌, 온전한 사랑이 필요하다. 그것은 사랑이라는 이름으로 희생하는 행위도 아니고, 사랑이라는 이름으로 타인과 자신에게 상처를 주는 행위도 아니다. 사랑이라는 기호는 너무나 많은 왜곡이 이루어져 왔다. 진정한 사랑은 당신이 가지고 태어난다. 진정한 사랑은 당신 자신이다.

당신은 필요한 모든 것을 수행할 능력을 가지고 태어났다. 당신이 오늘 두려움에 직면할 수 있다면, 내일은 전사들의 세상인 이차원의 꿈을 꿀 수 있을 것이다. 하지만 당신이 오늘 두려움을 직면했다고 해서 내일의 승리가 확정된 것은 아니다. 절대로 그렇지 않다. 전쟁은 끝난 것이 아니고 이제 막 시작되었다. 당신은 여전히 여러 가지 문제를 판단하고 있으며, 여러 가지 문제를 해결해야만 한다. 만일 모든 일이 종결되었다고 판단하고 손을 놓아버린다면 당신을 지배하던 폭군이 다시 돌아온다. 이것은 정말 사실이다. 그리고 이러한 상황은 반복되고 또 반복된다. 당신 안에 있는 폭군만 그러한 것이 아니다. 주변의 모든 사람들 안에 거하는 폭군도 그러하며, 그중 일부는 다른 폭군들보다 훨씬 사악하다. 그럼에도 오랜 세월 동안 전쟁을 치른 당신은 최소한 자기 자신을 보호하며 살아남았다. 당신이 전사가 되어도 전쟁에서 승리할 수도, 패배할 수도 있다. 하지만 진정한 앎에 이른다면 당신은 더 이상 전쟁의 희생자가 아니다. 전쟁이 끝날 때까지 당신은 전쟁터에 있을 것이며 수많은 다른 사람들도 그러할 것이다.

이차원의 꿈에서 당신은 땅 위에 자신의 천국을 건설하기 시작한다. 당신은 **삶**을 고양시키고 기쁨과 행복과 자유를 배가시키는 지혜에 믿음을 투사하기 시작할 것이다. 하지만 이것은 당신의 진화를 이루기 위한 첫 걸음에 불과하며, 이후에도 수많은 여정이 남아 있다. 당신이 진정한 앎에 이르는 순간이 다가온다면, 그것은 당신이 진실에 닿을 순간이 다가온다는 뜻이다. 이런 방법으로 당신은 삶 전체를 변화시킬 수 있다. 그리고 사랑과 의지와 믿음에 통달할 수 있다. 시간이 지날수록 당신은 당신 자신을 더욱 신뢰하게 되기 때문이다.

이와 같은 삶의 변화는 앞의 두 가지 꿈을 만들었던 것과 같은 방식으로 또 다른 세상을 불러올 것이다. 새로운 그 세상에서 당신은 더 이상 과거에 믿었던 것을 믿지 않는다. 당신은 이전에 배운 거짓을 더 이상 믿지 않는다. 심지어 이전에 배운 언어를 믿지 않는다. 당신은 당신이 누구인지 알기 때문에 당신이 경험하는 것을 의심하지 않는다.

이제 다음 단계의 꿈인 삼차원의 꿈도 그리 멀지 않게 되었다. 하지만 당신은 우선적으로 머릿속에서 벌어지는 전쟁에서 승리해야 하고 이를 위한 도구들도 가져야 한다. 그런데 왜 당신은 앞으로 나아가지 않는가?

당신은 행동을 취해야 하지만 **노력**을 해서는 안 된다. 당신이 만일 노력을 한다면, 노력을 하다가 죽음에 이를 것이다. 당신은 수백만 명의 전사가 노력을 하다가 죽음을 맞이한 사실을 알아야 한다. 마음속 전쟁에서 승리한 전사는 극소수에 불과하지만, 이차원의 꿈을 통해 승리를 거둔 사람이 있다면 그 사람은 온 세계를 창조할 수도 있을 것이다.

톨텍의 마지막 세계

: 삼차원의 꿈

모든 거짓이 사라지면
당신만 남는다

──────── 이차원의 꿈은 우리 삶에서 '**마지막 심판**'이라고 불리는 매우 중요한 일이 벌어질 때 끝이 난다. 이때 우리는 결코 우리 자신이나 다른 사람을 판단하지 않는다. 우리는 우리 자신을 있는 그대로 받아들이고, 타인도 있는 그대로 받아들인다. 마지막 심판의 날이 오면 머릿속 전쟁은 끝이 나고 **삼차원의 꿈**이 시작된다. 그것은 우리 세계의 끝이자 다른 세계의 시작이 된다. 왜냐하면 우리는 더 이상 전사의 꿈속에 거하지 않기 때문이다. 우리는 한 차원 높은 세계를 살아간다. 나는 이것을 **주인의 꿈**the dream of the masters이라고 부른다.

이전 세계의 주인은 전사들이었다. 그들은 자신들의 전쟁에서 승리하여 이제는 평화로움 속에서 살아간다. **주인의 꿈**은 진실의 꿈이고, 존중의 꿈이며, 사랑과 기쁨이 가득한 꿈이다. 그것은 삶이 뛰어노는 운동장이다. 우리가 '삶'이라고 부르는 모습이며, 오직 진정한 앎만이 우리를 이곳으로 안내한다.

많은 종교들은 마지막 심판을 마치 죄인들에 대한 처벌이라고 생각하게 한다. 하느님이 이 땅에 오셔서 우리를 심판하시고 죄인들을 멸하실 것이라고 설명하지만 그것은 사실이 아니다. 마지막 심판은 고대 이집트 신화에 나오는 타로Tarot 카드와도 같다. 미스터리 스쿨Mystery school(자아와 삶, 우주, 영적인 힘 등의 의미를 나누는 모임으로 현대에도 전승 집단이 존재한다—옮긴이)은 마지막 심판을 기꺼이 기다린다. 그때는 죽은 사람들이 무덤 밖으로 나오는 날이고, 이는 곧 인간의 부활을 뜻하기 때문이다. 이날 인간들은 의식을 회복하고 지하 세계의 꿈에서 깨어난다. 우리가 다시 살아나는 것이 두렵지 않은 날이다. 이날 우리는 존재하는 모든 것과 사랑의 소통을 하는 신성한 자아의 상태로 돌아간다.

전 세계 미스터리 스쿨에서 부활은 놀라운 개념이다. 기호들을 통해 배워온 거의 모든 것들이 진실이 아니라는 사실을 깨닫고 나면 남는 것은 딱 하나, 삶을 온전히 누리는 기쁨이다. 바로 그것이 부활이다. 수많은 기호들에게 의미를 부여하면 당신의 관심이 일시에 너무 많은 곳으로 분산된다. 당신이 모든 사물들로부터 의미들을 회수했을 때 비로소 당신은 교감하기 시작한다. 그리고 당신 스스로 온전해진다. 당신은 존재하는 유일한 생명체이며 하늘의 별이나 사막의 바위와 다를 것이 없게 된다. 모든 존재하는 것들은 현존하는 유일한 생명체의 일부다. 이 진리를 경험한다면 당신이 가졌던 신념체계는 잠시나마 사라지고, 당신은 그 놀라운 천국의 꿈을 거닐게 된다. 오늘은 다른 날과 같은 날이 될 수도 있지만 축하의 날이나 부활의 날, 삶으로 복귀해서 세상을 바꾸는 날이 될 수도 있다. 또 오늘이 당신이라고 **생각하는 당신,** 당신의 **본모습**이라고 믿는 무덤에서 진짜 당신이 되살아나는 날이 될 수도 있다.

삼차원의 꿈속에서 당신은 비로소 당신이 누구인지 깨닫는다. 하지만 그 깨달음은 언어를 통해서 이루어지지 않는다. 당신이라는 존재를 설명할 단어가 없기 때문에 당신은 당신이 누구인지 언어로 이야기할 필요가 없는 평온한 삶으로 되돌아간다. 이것이 소수에게만 비밀리에 전수된 철학의 선사禪師들이 제자들에게 가르치고자 한 것이다. 당신이 이를 수 있는 최고의 단계는 세상의 기호들을 뛰어넘어 삶과 하나가 되고 하느님과 하나가 되는 경지이다.

고대의 종교에서는 누구도 신의 이름을 말할 수 없었고 이것은 절대적인 진리였다. 왜냐하면 신을 설명하는 기호라는 것이 존재할 수 없었기 때문이다. 신을 알 수 있는 유일한 방법은 신이 되는 것이다. 당신이 신이 된다면 "이것이 내가 기호를 배울 수 없었던 이유다"라고 말할 것이다.

진실로 우리는 우리를 창조하신 분의 이름을 알지 못한다. **하느님**이라는 단어는 실제로 존재하는 어떤 대상을 표현하는 기호일 뿐이고, 나는 이 단어를 받아들이지 않는다. 왜냐하면 이 말조차 왜곡된 기호일 것이기 때문이다. 우리가 만일 하느님을 설명하기 위해 기호를 사용한다면 그 기호들이 가진 상징들에 동의해야 하는데, 그렇게 된다면 우리는 어떤 입장을 수용하게 되는 것인가? 수백 만의 서로 다른 입장들이 교차될 것이다. 예술가인 나는 지금 최선을 다해 하느님을 언어로 표현하고 있다. 나의 개인적인 관점이 형성한 최선이자 내가 할 수 있는 유일한 방법이다. 물론 내가 어떤 표현을 사용하든 그것은 나에게만 진실이 되는 이야기일 뿐이다. 당신이 그것을 이해할 수도 있고 그렇지 않을 수도 있지만, 적어도 당신은 내가 설명한 내밀한 생각에 동의할 수는 있을 것이다.

주인의 꿈은 설명하기 매우 어렵다. 진정한 가르침은 언어로 설명할 수 없고, 존재 자체로 구현되어야 한다. 당신이 만일 스승의 존재감을 느낄 수 있다면 언어를 통한 가르침보다 훨씬 많은 것을 배울 수 있다. 언어는 존재의 극히 일부만을 설명할 수 있다. 그런데 만일 당신이 상상력을 발휘한다면 언어는 경험할 수 있는 또 다른 곳으로 당신을 안내할 것이다. 이것이 내가 주장하고자 하는 바이다. 당신은 당신이 정말로 누구인지 인식할 수 있고 당신이 누구인지 느낄 수 있는 지점으로 당신의 인식을 확장해야 한다.

언어를 사용하는 것보다 더 좋은 것은 당신의 얼굴을 신의 얼굴과 마주하는 일이다. 그렇게 해야만 신을 볼 수 있다. 내가 만일 당신에게 신의 얼굴을 직접 보여준다면 당신이 보게 될 것은 당신 자신의 얼굴이다. 당신이 믿든 믿지 않든 당신은 당신 자신을 보게 될 것이다. 왜냐하면 당신은 신의 현현이기 때문이다. 당신이 만일 당신의 몸을 **움직이게 하는** 존재를 보게 된다면 당신은 **실재하는** 신을 보게 되는 것이다. 당신의 손을 내려다보라. 그리고 손가락을 움직여보라. 톨텍인들은 손가락을 움직이는 힘을 '의지'라고 불렀으며 나는 이것을 생명life, 무한자the infinite(한계 밖에 있는 무한한 존재), 혹은 하느님God이라고 부른다.

의지는 존재하는 유일한 생명이며 모든 것을 움직이는 힘이다. 당신은 손가락이 아니라 그 손가락을 움직이는 힘이다. 손가락은 당신에게 복종할 뿐이다. 당신은 무엇이든 원하는 것을 부를 수 있다. 뇌도, 신경도 마찬가지다. 하지만 진실을 말하자면 당신의 손가락을 움직이는 힘은 당신을 꿈꾸게 하는 힘과 동일한 존재다. 꽃을 피워 올리고, 바람을 불게 하고, 폭풍을 만들어내고, 우주와 행성을 운행하고, 전자가 원자 주위를 돌도록 하는 바로 그 힘이다. 살아 있는 존재는 오직 하나뿐이고, **당신이** 바로 그 존재다. 당신은 전 우주에서 무한한 모습으로 스스로 현현하는 그 힘이다.

그 힘의 첫 번째 현현은 빛, 혹은 에너지다. 이 둘은 같은 것이고 결국은 모든 것이 이 에너지로부터 창조되었다. 과학자들은 모든 것이 에너지로부터 만들어졌다는 사실을 알고 있다. 우주에는 이 에너지를 창조한 하나의 힘이 존재하고 이 지점에서 과학과 종교는 하나가 된다. 그리고 우리도 우리 자신이 하느님이라는 사실을 이해할 수 있다. 우리가 빛이기 때문이다. 이것이 우리의 참된 모습이다. 다른 모든 것이 그러하듯 우리도 수십억 개의 다른 주파수와 빛의 현현으로 만들어졌다. 그리고 서로 다른 모든 주파수들이 모이면 하나의 빛이 된다.

의지는 빛을 만드는 힘이고, 빛은 의지의 메신저라고 할 수 있다. 빛은 모든 곳에서 생성되는 삶의 메시지를 지니고 있기 때문이다. 빛은 인간과 원숭이, 개, 나무 등 모든 생명체를 포함하여 존재하는 모든 것을 생성할 수 있는 제반 정보를 가지고 있다. 지구상의 모든 생명체는 과학자들이 DNA라고 부르는 특별한 광선, 혹은 빛의 주파수에 의해 생성된다. DNA 자체의 차이는 미미하지만 그것이 발현되는 과정에서 차이가 나타나 사람과 원숭이가 되고, 사람과 재규어가 되고, 사람과 나무가 된다.

빛은 많은 속성을 가지고 있다. 빛은 살아 있다. 그것은 살아 움직이는 존재이며 매우 지적인 존재다. 그것은 언제나 생성되며 언제나 변화한다. 또 파괴되지 않는다. 그것은 어디에나 있고 모든 것을 채우고 있지만, 물질에 반사되지 않으면 우리가 인식할 수 없다. 만일 우리가 지구 행성에서 우주로 물질을 쏘아 올리면 그것이 빛을 반사하여 우리의 시야에 포착된다. 별들 사이에도, 은하들 사이에도, 우주의 사이에도 빈 공간은 없으며, 때문에 모든 우주는 연결되어 있다.

당신은 거대한 우주다. 지구도 또 다른 우주다. 태양과 그 주변의 행성들도 또 다른 우주다. 수많은 태양계가 모여 또 다른 우주를 형성한다. 우리가 관찰할 수 있다면 수십억의 서로 다른 생명체가 만들어내는 단 하나의 생명체를 볼 수 있을 것이다.

생명이 있는 모든 존재는 우리가 영혼soul이라고 부르는 힘에게 보호를 받는다. 영혼은 우주 전체를 하나로 묶고 인간이 그 존재의 전체성을 인식하도록 하는 힘이다. 영혼은 물질을 견고한 형상으로 만들어 존재들 사이에 구분이 있는 것처럼 보이도록 만든다. 영혼은 모든 것에 모양을 부여한다. 이 힘이 없다면 당신은 꽃이나 물고기, 새 등과 구분이 되지 않을 것이다. 당신의 영혼은 당신이 잉태된 순간에 생겨났고, 당신의 분자와 세포, 기관 등 존재의 모든 구성 요소들을 인식하기 시작했다. 당신의 영혼은 당신의 우주에 속한 모든 것을 인식하고, 당신의 우주에 속하지 않은 모든 것을 거부했다.

삼차원의 꿈에서 당신은 당신의 몸이 원자와 분자, 세포, 조직,

기관, 각종 장치 등이 기능하는 수십억의 살아 있는 존재들로 이루어진 전체 우주라는 사실을 알고 있다. 그리고 그 우주는 결국 하나다. 사람들은 인간의 마음을 생각하면서 당신의 눈 뒤에 있는 하나의 주체를 떠올릴 것이다. 하지만 깨달음의 깊은 곳을 들여다보면 신체를 구성하는 각각의 원자가 각각의 주체성을 가지고 있다는 사실을 알게 된다. 모든 원자들이 각기 살아 있기 때문이다. 각각의 원자는 전체 우주와 같다. 별과 행성이 운행하는 작은 태양계이기 때문이다. 모든 우주는 공통적으로 제각기 무한하고 전일全—한 힘으로 살아 움직인다는 공통점을 가진다.

바로 그 힘, 즉 당신도 살아 있다. 당신은 전일한 힘이다. 당신은 진실이고 실재한다. 기호들을 매개하여 당신이 알고 있는 모든 것은 진실이 아니다. 실재하지도 않는다. 환영일 뿐이며 그래서 아름답게 보인다. 빛은 지적인 존재일 뿐 아니라 기억을 가지고 자신의 이미지를 창조하는 존재다. 그래서 당신이 꿈꾸는 그대로 당신의 마음속에 세계 전체의 환영을 만들어낸다. 당신의 꿈은 중요하지 않다. 그것들은 물질의 반영이며 그 반영은 우리가 두뇌라고 부르는 물질 속에 나타난다. 두뇌는 하나의 거울과 다르지 않다. 앞에서 언급한 것처럼 거울 속을 들여다보면 당신은 당신의 마음과 당신의 꿈을 볼 수 있다.

당신은 처음으로 눈을 뜨고 비로소 빛을 인지하기 시작한다.

빛은 당신의 스승이 된다. 빛은 당신이 이해할 수 없는 정보를 눈에 투영한다. 하지만 당신은 빛을 인식하고 빛과 하나가 되도록 만들어졌다. 빛은 당신의 다른 일부이기 때문이다. 당신도 빛이기 때문에 언제나 새로운 것을 창조하고, 변화하고, 또한 진화한다. 빛은 뇌로 직접 유입되어 당신의 가상현실을 조율하고 더 나은 반영을 투사하기 위해 두뇌를 활성화한다. 빛이 당신의 두뇌를 활성화할 때 두뇌는 자동적으로 당신에게서 나올 수 있는 후손을 위해 신의 공장인 DNA를 변화시킨다. 그리고 당신의 몸이 두뇌와 심장, 폐, 간, 위, 피부 등과 같은 여러 기관들로 만들어진 것처럼, 당신의 신체 기관들도 그 기관을 만드는 다양한 종류의 세포들로 만들어진다. 모든 세포들이 모여 하나의 살아 있는 존재인 **당신**을 구성한다는 사실을 세포들은 알고 있을까? 모든 인간이 모여 하나의 생명체인 **인간성**humanity을 구성한다는 사실을 우리 인간은 알고 있을까?

당신은 수많은 사람들에 둘러싸여 있다. 당신처럼 그들도 인간으로 태어나도록 만들어졌다. 남자든 여자든 당신은 그들을 알아볼 수 있다. 당신은 그들도 당신과 같은 인간이라는 사실을 알고 있다. 매우 잘 **알고 있다**. 그런 당신이 모르는 것은 우리 인간이 이 아름다운 행성 지구의 한 기관이라는 사실이다. 행성 지구는 살아 있다. 그것은 살아 움직이는 존재이며, 인류는 생명체의 한 기관으로서 행성을 위해 기능한다. 숲도 하나의 기관이고, 대기도 하나의 기관이다. 모든 종種들이 각각의 기관들이다. 그리고 우리 모두는 행성 지구의 대사작용인 평형상태equilibrium를 위해 함께 노력하는 존재다.

　모든 인류는 하나의 살아 있는 존재이며 이것은 더 이상 이론이 아니다. 우리는 함께 살아가며 같은 신체를 가졌다. 비슷한 마음을 가졌고 비슷한 욕구를 가졌다. 우리는 서로를 이해하기 위해 기호를 만들어냈다. 남자든 여자든, 희생자든 전사든, 혹은 주인의 경지에 이르렀든 우리는 크게 다르지 않다. 어떤 사람도 다른 사람보다 우월하거나 열등하지 않다. 어떤 사람도 온 우주에 존재하는 다른 것보다 더 우월하거나 열등하지 않다. 존재의 가장 깊은 수준에서 말하자면 인간과 개는 물론 인간과 벼룩, 파리, 꽃 등의 구별이 무의미하다. 우리는 모두 같은 곳에서 태어난 같은 존재다. 탄생 설화가 무엇인지는 중요하지 않다. 우리가 기독교인이든, 불교 신자든, 혹은 이슬람교나 힌두교 신자든 중요하지 않다. 우리는 같은 곳에서 와서 같은 곳으로 돌아간다.

　무한자는 존재하는 모든 것을 창조한다. 그리고 순환이 끝나면 다시 무한으로 돌아간다. 물론 신체는 주어진 시간이 있고 종국에는 죽게 되지만 **당신**이라는 그 힘은 불멸이다. 마음이 살고 있는 그 힘에서 죽어 사라지는 것은 거짓뿐이다. 고대 이집트에서 전해져 내려온 말이 있다. '당신이 죽을 때 마음이 깃털보다 가볍다면 천국에 이를 수 있지만, 마음이 깃털보다 무겁다면 천국에 이를 수 없다.' 거짓은 다시 그 힘으로 돌아갈 수 없지만, 진실은 그 힘으로 회귀한다. 진실은 그 힘이 반영된 모습이기 때문이며 진실은 무한의 반영이다. 여기서 하나의 질문이 생긴다. 당신의 거짓은 얼마나 무거운가? 당신의 마음은 분노와 공포와 죄책감으로 얼마나 무거워졌는가?

삼차원의 꿈에서 진실은 이미 모든 거짓을 무너뜨렸고, 살아남은 유일한 것은 진실이다. 그리고 그것은 실재하는 당신이다. 당신이 그 힘이다. 당신은 생명이다. 생명은 진실이다. 이러한 세계에서 당신의 꿈은 천국이 된다. 당신의 꿈은 아름다운 예술작품이 되고 아름다운 사랑이 된다. 이제 당신은 톨텍의 세 번째 단계인 **사랑의 원숙함**mastery of love에 이른다. 우리는 이것을 **의지의 원숙함**으로 부르기도 한다. 나는 이를 **믿음의 원숙함**이라고 부르고 싶다. 왜냐하면 이러한 모든 과정이 자신에 대한 신뢰를 숙성시키는 일이기 때문이다. 즉, 당신이 가진 힘을 깨닫는 과정이다. 그 힘은 의지의 힘이자 생명의 힘, 믿음의 힘, 신념의 힘이며 사랑의 힘이기도 하다. 이 모든 것들의 힘은 같다. 모든 힘들은 **전일한 힘이다.**

당신이 신뢰의 힘을 회복하는 순간 당신의 삶은 사랑의 안에 거하게 된다. 사랑은 당신 자신이면서 동시에 놀라운 힘을 발휘하는 존재다. 그 순간 당신은 당신의 신체와 감정과 삶과 삶의 이야기들을 온전히 받아들이게 된다. 당신 자신을 존중하게 된다. 모든 예술가들을, 모든 형제와 자매를 존중하게 된다. 그리고 모든 창조물들을 존중하게 된다. 그리고 당신은 당신 자신을 조건 없이 사랑하게 된다. "사랑해"라고 말하며 당신의 사랑을 남들에게 표현하는 것을 두려워하지 않게 된다. 당신의 믿음이 원숙해지고 당신의 삶이 사랑 안에 머물게 되면 당신은 삶에 등장하는 모든 사소한 인연에게도 사랑을 투사할 것이며, 당신이 자신을 사랑하는 것처럼 그 모든 이들을 무조건적으로 사랑하게 된다.

당신은 모든 사람과 관계를 맺는 데 있어서 변화를 맞이하게 되는데, 당신은 온전히 비개인적인 사람이 된다. 당신은 누군가를 사랑하거나 사랑하지 않는 데 이유를 찾지 않는다. 당신은 사랑을 **추구**하지도 않는다. 사랑하는 것이 이미 당신의 본성이기 때문이다. 사랑은 태양에서 뿜어져 나오는 빛처럼 당신에게서 발산된다. 당신의 본성은 원래 그러한 것처럼 어떠한 욕구도 없이 당신에게서 드러난다. 당신의 사랑은 당신의 머릿속에서 언어화되지도 않는다. 어떤 특별한 사연도 필요 없다. 그것은 우리가 **교감**이라고 부르는 경험으로, 사랑을 나누듯 같은 주파수와 같은 진동을 함께 느끼는 일이다. 그것은 당신이 말을 배우기 전에 경험했던 일이다. 왜냐하면 그 이후에 당신이 진화했기 때문이다. 당신은 일차원의 꿈을 꾸기 시작한 후 깊은 지옥을 경험했고, 이후 한 단계 발전한 이차원의 꿈을 꾸었다. 그리고 눈앞의 모든 것과 꿈꾸는 모든 것이 빛으로 만들어진 가상현실이라는 사실을 아는 삼차원의 꿈에 이르게 되었다.

사람들은 수천 년 전부터 인간의 내면에 세 가지 세계가 담겨 있다는 사실을 알았다. 우리는 거의 모든 철학과 신화 속에서 사람들이 세상을 세 장소로 분류해 왔다는 사실을 알 수 있다. 물론 이를 설명하기 위해 서로 다른 이름과 서로 다른 기호들을 사용했다. 톨텍 예술가들의 전통에서 세 장소는 **일차원의 꿈, 이차원의 꿈,** 그리고 **삼차원의 꿈**이다. 그리스와 이집트에서는 **지하 세계, 현실 세계,** 그리고 **천상의 세계**로 불렀다. 기독교에서는 이것을 전통적으로 **지옥**과 **연옥**과 **천국**으로 불렀다.

오늘날 우리가 바라보는 세계의 모습은 수천 년 전 사람들이 이해했던 것과 여러 면에서 차이가 있다. 고대인들은 이 세상이 행성이라는 사실을 몰랐고, 그들이 알고 그들이 인지했던 장소가 세상의 전부였다. 각각의 사람이 하나의 우주라고 하는 것도 이 때문이다. 우리 각자가 자신의 두뇌로 세계를 창조하고 그 속에서 살아가기 때문이다. 하지만 인류의 대부분은 일차원의 꿈인 지하 세계에서 살아간다. 인류의 다수는 이차원의 꿈인 전사의 세계를 살아간다. 그들이 올바른 방향으로 나아가고 올바른 방향으로 진화를 하고 있는 것은 이 때문이다.

우리는 대체로 천상의 세계가 선으로 가득하고 지하의 세계는 두려움과 악이 가득하다고 믿지만 그것은 정확한 사실이 아니다. 세 곳 모두 인간의 내면에 존재한다. 우리의 내면에 천국이 있는 것처럼 우리의 내면에는 지하 세계도 존재한다. 지하 세계는 무한히 존재하고 천상의 세계도 무한히 존재한다. 그리고 이 둘은 우리가 살고 있는 세계에서 만난다. 우리는 천상의 세계로 가는 길을 선택할 수 있듯, 지하 세계로 가는 길도 선택할 수 있다.

주인의 꿈 속에서 우리는 선택을 하는 행위를 통해 우리의 두 손에 힘이 있다는 사실을 알게 된다. 우리는 선택을 통해 꿈 전체를 통제한다. 모든 선택에는 결과가 따르며 꿈의 주인은 모든 결과를 알고 있다. 선택은 어떤 문들을 열 수도, 다른 수많은 문들을 닫을 수도 있다. 선택을 하지 않는 것 또한 우리가 만드는 선택이 될 수 있다. 선택을 함으로써 우리는 높은 꿈의 경지에 이를 수 있고 가장 아름다운 삶을 창조할 수 있다.

누구나 위대한 꿈의 예술가가 될 수 있지만 그것은 우리가 우리의 꿈을 온전히 통제할 수 있을 때 가능하다. 꿈을 통제한다는 것은 자신의 주의력에 대한 통제력을 회복하는 것을 의미한다. 주의력 통제를 숙달하면 우리는 의지를 지배하게 된다. 이를 통해 우리는 자신의 선택을 온전히 통제할 수 있다. 그렇게 된다면 우리 삶의 꿈은 어디든 원하는 곳으로 나아갈 수 있다.

인간이 가지는 평범한 꿈에서는 신념체계가 주의를 통제한다. 우리의 개인적인 힘과 의지가 미약하기 때문에 누구든 우리의 주의를 끌 수 있고 우리의 마음속에 자신의 의견을 주입할 수 있다. 의지 혹은 의도는 존재하는 것을 움직이거나 존재의 방향을 변경할 수 있는 힘이다. 의지는 주의를 사로잡고, 사로잡은 주의를 움직인다. 그렇게 해서 우리는 믿음을 통제하게 되고, 끝내는 꿈을 통제하기 위한 주도권 전쟁에서 승리할 수 있다.

삼차원의 꿈에서 우리는 삶 자체에 큰 주의를 기울이지 않는다. 우리가 삶 **자체**이기 때문이다. 우리가 **힘** 자체다. 우리가 **의지** 자체다. 그리고 의지는 우리의 주의를 통제한다. 삼차원의 꿈은 순수한 의지의 꿈이다. 우리가 깨닫게 되는 것은 우리의 삶이 하나의 개념이 아니라 온전한 앎에서 이행되는 행위 자체라는 사실이다. 이제 우리는 눈으로 진실을 관조할 수 있는데, 이때의 관조는 이전과는 완전히 다른 관점이다.

처음 꿈꾸는 법을 배울 때, 당신의 신념체계는 진실로 통하는 길에 수백만 개의 작은 장벽들을 쌓는다. 신념체계의 거대한 구조가 존재하지 않을 때 당신은 그 장벽들을 허물고 한 가지 관점에서 벗어나게 된다. 당신이 가질 수 있는 관점은 무수히 많다. 당신은 스스로를 인간의 관점에서가 아니라 특별한 힘의 관점에서 바라보게 된다. 나아가 당신은 스스로를 단지 특별한 힘의 관점에서뿐 아니라 그 힘이 발현되는 관점에서 바라보게 된다. 당신은 당신이 빛이고 그 빛의 반영이라는 사실을 알며, 빛의 관점에서 발현되는 꿈을 관조하는 데 당신의 주의력을 사용하게 된다. 당신은 더 이상 세상 모든 것을 당신과 동떨어진 외부의 세상에 있는 것으로 인식하지 않는다. 당신은 모든 것 안에 있는 자아의 전일성을 느낀다. 당신은 존재하는 유일한 존재인 자아를 느낀다. 단지 느낄 뿐 아니라 **알게 된다.** 앞에서 언급한 것처럼 당신은 자신의 모습을 이해하지만 언어를 통해서 이해하는 것은 아니다. 당신에게는 기호가 필요하지 않다. 당신이 만일 자신의 모습을 이해하기 위해 기호를 사용한다면 그 기호들로 인해 자신을 이해하는 방법을 잃게 될 것이다.

당신은 스스로를 **'인간'**이라고 부르고 그 기호와 자신을 동일시할 것이다. 하지만 중국이라는 나라에서 당신은 '인간'이 아니다. 스페인에서도 '인간'이 아니고, 독일에서도 '인간'이 아니다. 이처럼 **인간**이라는 단어는 하나의 기호일 뿐이다. 그렇다면 그 **인간**이 의미하는 것은 무엇인가? 이 단어를 설명하기 위해 당신은 수천 개 이상의 단어를 사용하여 책 한 권 분량의 문장을 써낼 수도 있을 것이다. 하지만 그럼에도 당신은 많은 것이 부족하다는 생각을 할 것이다. 단지 하나의 언어를 설명하는 일도 그러한 것이다. 당신이 누구인지 이해하기 위해 기호를 사용하는 것은 언어도단言語道斷이다. 당신이 **생각하는 바**가 무엇이든 결코 진리에 견줄 수 없다. 기호는 진실이 아니기 때문이다.

당신이 고양이에게 "안녕, 개야!"라고 말한다면 그 고양이는 아무런 반응을 보이지 않을 것이다. 대답조차 하지 않을 것이다. 당신이 만일 어떤 사람에게 "안녕, 개야!"라고 말한다면 그 사람은 분명히 "나는 개가 아니야"라고 대답할 것이다. 어떤 사람은 이 말을 농담으로 받아들일 것이고 어떤 사람은 분노할 것이다. 우리는 누구나 각자의 관점을 가지고 있기 때문이다. 동물들도 자신의 모습을 이해하기 위해서 기호를 알아야 할까? 그렇지 않을 뿐더러 동물들은 관심을 갖지도 않는다. 그저 태어난 모습 그대로 살아간다. 자신의 존재를 설명하기 위해 기호를 필요로 하지 않는다.

만일 누군가 나에게 당신은 어떤 존재냐고 묻는다면, 이렇게 답할 것이다. "저는 사람입니다. 남자고요. 에너지로 만들어졌고 물질로 만들어졌습니다. 저는 아버지이며 의사입니다." 나는 내가 누구인지 증명하기 위해, 내가 어떤 존재인지 설명하기 위해, 나 자신을 이해하기 위해 기호들을 사용할 수 있다. 하지만 그 기호들 중 어떤 것도 실재하지 않는다. 진실되게 말하자면 나는 내가 누구인지 알지 못한다. 내가 아는 것은 고작 내가 나의 존재를 인지한다는 것이다. 나는 살아 있고 당신은 나를 만질 수 있다. 나는 꿈꾸는 존재이며 동시에 내가 꿈꾸고 있다는 사실을 알고 있다. 그 이외의 것은 그저 이야기들일 뿐 크게 중요하지 않다. 기호들은 내가 누구고,

내가 어디서 왔는지 결코 말해줄 수 없다. 물론 그것은 중요한 사항이 아니다. 어쨌든 나는 그곳으로 다시 돌아갈 것이기 때문이다. 내가 가장 좋아하는 만화영화 주인공은 「뽀빠이 더 세일러맨Popeye the Sailor Man」의 뽀빠이다. 그는 이렇게 말한다. "나는 나야. 그게 내 모습의 전부야." 매우 지혜로운 말이다. 그것은 스스로를 온전히 수용하는 모습이다. 내가 진실 자체이기 때문에 내가 나인 것을 존중한다는 의미다. 어쩌면 내가 하는 말은 진실이 아닐 수 있지만, 나는 진실한 존재고 당신도 마찬가지다.

당신은 살아 있다. 당신은 존재하고 있으며 그것은 진실이다. 그런데 당신은 누구인가? 진실은 당신도 알지 못한다. 당신이 알고 있는 것은 당신이 당신이라고 믿는다는 것, 당신이 당신이라고 배웠다는 것, 당신이 당신이라고 들었다는 것, 당신이 당신이기 위해 연기하고 있다는 것, 당신은 사람들에게 원하는 모습으로 보이기를 바란다는 것이다. 당신에게 이것은 사실일 수 있다. 하지만 당신이 당신이라고 말하는 모습이 **정말** 진실인가? 나는 그렇게 생각하지 않는다. 당신이 당신 자신에 대해 말하는 것은 무엇이든 상징일 뿐이다. 그리고 그것은 당신의 신념에 의해 완전히 왜곡된다.

우리가 이전에 가졌던 모든 지식을 버리고 우리 자신을 본다면 결론은 다음과 같다. '나는 나다I am. 나는 내 모습 그대로의 나다.' 당신도 당신 모습 그대로의 당신이다. 어떤 모습이든 당신 자신을 수용한다면 다른 세상이 보인다. 당신이 만일 자신의 모습 그대로를 수용한다면 당신은 당신의 삶을 누릴 준비가 되어 있는 것이다. 그 삶 속에는 더 이상의 심판도, 더 이상의 죄책감도, 더 이상의 수치심도, 더 이상의 후회도 없다.

당신이 기호들의 무게를 내려놓는다면, 남는 것은 온전한 진실과 순수함과 단순함이다. 당신은 당신이 누구인지 알 필요가 없다. 이것은 매우 중요한 진실이다. 당신은 당신이 아닌 모습을 가장할 필요가 없다. 당신은 온전히 당신 자신이다. 이 때문에 당신은 메시지를 전할 수 있으며, 그 메시지는 실재하는 당신 자신이다. 당신이 드러내는 **모습**이 메시지가 된다. 만일 당신이 첫 아이를 순산하여 두 손으로 아이를 받아 들었다면, 아이가 드러낸 모습이 아이의 메시지다. 무엇인가를 이해하려 하지 않아도, 특별한 언어의 표현이 없더라도 당신은 손 안에 담긴 신성의 현현을 느낄 수 있다.

아기가 태어난 모습은 모두 동일한 현현이다. 그것은 하느님이며, 무한이며, 인간의 모습을 한 천사다. 그리고 우리는 아기의 현현에 일정한 방식으로 반응하도록 만들어졌다. 아기는 말을 할 필요가 없다. 아기라는 존재가 모든 것을 말해주기 때문이다. 존재하는 모습 자체만으로도 우리는 아기에게 무엇을 제공해야 하고 어떻게 보호해야 하는지 알게 된다. 아기를 낳으면 그러한 본능은 더욱 강렬해져서 아기의 존재는 믿을 수 없이 큰 의미를 갖게 된다.

그 존재는 당신의 관대함을 불러일으키며 아무런 보상을 바라지 않고 모든 것을 쏟아붓도록 한다. 그 후 일정한 시간이 흐르고 아이는 성장한다. 그러고 나면 아기였던 존재는 세상에서 사라진 것 같은 느낌이 들게 된다.

당신이 태어났을 때 당신의 존재는 주변 사람들로 하여금 그들의 본능을 뒤흔들어 당신에게 관심을 주고, 당신을 보호하고, 당신의 필요를 충족시키도록 만들었다. 당신은 지금도 그러한 힘을 가지고 있지만 그것은 오랫동안 억압되어 있었으며 동시에 외부로 발현되기를 기다리고 있었다. 당신이 당신이라는 존재를 온전히 느끼기 위해서는 철저히 깨달아야 한다. 당신은 당신의 창조물들을 전혀 다른 관점에서 바라보아야 하며, 모든 것이 단순한 원리로 수렴되는 지점에서 바라보아야 한다. 당신이 깨달음을 얻지 못한다면 세상의 모든 일이 혼란스러울 것이며, 두려움이 당신을 지배하여 당신 주변에 거대한 **미토테**가 만들어질 것이다.

다섯 번째 지혜는 의심의 힘을 이용하여 당신을 옥죄었던 모든 주문들을 깨뜨리는 과정이기 때문에 매우 중요하다. 오래전에 잃어버린 자아를 회복하기 위해 자신이 가진 마법을 일깨우는 일에는 특별히 강력한 의지가 필요하다. 당신의 모든 주의력이 당신의 언어에 매몰되지 않아야만 당신은 무엇이 진실인지 **볼 수 있고**, 무엇이 진실인지 **느낄 수 있다**. 당신이 기호들에 사로잡히지 않는다면 당신은 태어날 때의 자아를 회복할 수 있고, 주변 사람들의 감정을 자극하여 당신이라는 존재에 반응하도록 할 수 있다. 당신은 사람들에게 당신의 진정한 모습, 즉 당신 자신이자 당신의 존재 자체를 보여주게 되고, 그들에게 크나큰 의미를 선사할 수 있다. 하지만 이 모든 일은 당신이 진정한 자아를 회복할 때만 가능해진다.

당신이 기호들의 의미에 사로잡히기 전에, 당신의 마음이 지식에 의해 잠식되기 전에, 당신이 아주 어린 시절 그대로의 모습으로 되돌아간다고 상상해 보자. 당신이 자신의 존재를 회복한다면 당신은 꽃 한 송이와도 같을 것이며, 바람 한 점과도 같을 것이며, 바다와도 같을 것이며, 태양과도 같을 것이며, 저 한 줄기 빛과도 같을 것이다. 당신은 오로지 당신과 같을 것이다. 어떤 것도 설명할 필요가 없으며 어떤 것도 믿을 필요가 없다. 당신은 이곳에 존재할 뿐이며 어떠한 이유도 필요하지 않다. 그 인생에는 인생을 누리고 행복을 느끼는 것 이외의 사명은 없다. 필요한 것이 있다면 오로지 **당신 자신**이다. 유일한 당신이 되어야 한다. 단지 존재하는 사람이 되어야 한다. 행복한 사람이 되어야 한다. 사랑 안에 거해야 한다. 기쁨을 누려야 한다. 당신 자신이 되어야 한다.

아직 현명함을 갖지 못한 이들만이 완벽함을 추구한다. 그들은 하느님을 찾는다. 천국을 찾는다. 그리고 그곳에 도달하고자 한다. 하지만 우리가 찾아야 할 것은 아무것도 없다. 모든 것은 이곳에 있다. 모든 것이 당신 안에 있다. 당신은 천국을 찾을 필요가 없다. 바로 지금 당신이 천국이다. 당신은 행복을 찾을 필요가 없다. 어느 곳에 있든 당신이 행복이다. 당신은 진실을 찾을 필요가 없다. 당신이 진실이다. 당신은 완벽함을 찾을 필요가 없다. 그것은 환상일 뿐이다. 당신은 당신 자신을 찾을 필요가 없다. 당신은 결코 당신을 떠날 수 없다. 당신은 하느님을 찾을 필요가 없다. 하느님은 결코 당신을 떠나지 않는다. 언제나 당신과 함께하기 때문이다. 당신은 언제나 당신과 함께 있다. 당신이 만일 어느 곳에서도 하느님을 볼 수 없다면, 그것은 당신이 **진심으로** 믿는 신들에게 당신의 주의를 빼앗겼기 때문이다.

무한의 현현은 모든 곳에 나타난다. 그런데 만일 당신이 어둠 속에 거한다면 그곳에 무엇이 있는지 볼 수 없다. 당신은 오직 당신의 지식만을 바라보기 때문에 그 밖에 아무것도 볼 수 없다. 당신은 그 지식을 통해 당신의 창조물들을 바라보지만, 당신의 지식이 삶에서 벌어지는 일들을 설명할 수 없을 때 당신은 위태로움을 느낀다. 당신이 아는 것은 당신이 알고 싶은 것이다. 당신의 지식이 만들어내는 것은 무엇이든 불안감을 자아낸다. 하지만 그러한 지식은 꿈의 일부를 기술한 것에 지나지 않는다는 사실을 알게 되는 때가 올 것이다.

당신은 지식으로 파악할 수 없는 존재다. 당신은 이 순간, 이 꿈을 꾸기 위해 이곳에 있다. 존재하는 것은 지식과는 관련이 없다. 그것은 이해의 문제가 아니다. 이해할 필요도 없고 배울 필요도 없다. 당신은 그것을 떨쳐내기 위해 이곳에 있으며 그것이 전부다. 어느 날 당신은 당신이 아무것도 모른다는 사실을 깨달을 것이다. 당신은 당신이 믿는 것을 알고, 당신이 배운 것을 알지만, 그것은 진실이 아니라는 사실을 알게 된다. 역사상 가장 위대한 철학자 중 한 사람이었던 소크라테스는 평생 동안 깨달은 바를 다음과 같이 말했다. "내가 아는 전부는 내가 아무것도 모른다는 사실이다."

삼차원의 꿈에서
나의 삶은 천국이 된다

완벽하게 자유롭고 행복해지는
마법 같은 순간

———————— 이천 년 전에 살았던 어느 위대한 스승은 이렇게 말했다. "당신들은 진리를 알지니, 진리가 당신들을 자유롭게 할 것입니다." 이제 당신은 당신 자신이 진리라는 사실을 알고 있다. 다음 단계는 진실을 **바라보고** 당신의 모습을 바라보는 일이다. 그래야만 당신은 자유로워진다. 무엇으로부터의 자유인가? 당신이 가지고 있는 왜곡된 지식으로부터의 자유고, 거짓을 믿은 결과로 갖게 된 모든 감정적 굴곡으로부터의 자유다. 만일 진리가 당신을 자유롭게 한다면 당신이 지금까지 배운 기호들은 더 이상 당신을 지배하지 못한다. 이것은 옳고 그름의 문제도 아니고, 좋고 나쁨의 문제도 아니며, 승리자와 패배자의 문제도 아니다. 젊고 늙음의

문제도 아름다움과 추함의 문제도 아니다. 모든 선택은 무의미하다. 모든 것은 단지 기호일 뿐이다. 당신은 더 이상 어떤 모습을 가장할 필요가 없을 때 비로소 완전한 자유를 얻게 된다는 사실을 알게 될 것이다. 이 자유는 매우 중요한 것이어서, 진정한 당신 자신이 되는 자유이면서 동시에 당신이 자신에게 줄 수 있는 가장 위대한 선물이 된다.

상상해 보라, 두려움이 없는 삶을. 섣부른 판단이 없고, 비난이 없고, 죄책감이 없고, 수치심이 없는 삶을. 상상해 보라, 다른 사람들의 입장을 애써 살피지 않아도 되는 삶을. 자신이 만든 율법서에 의거하여 스스로의 책무를 살피지 않아도 되는 삶을. 당신이 만일 생의 처음부터 사랑과 감사, 진심, 정의의 마음을 품고 살았다면 인생이 얼마나 달라졌을지를 상상해 보라. 당신이 당신의 몸에 진심으로 충실했다면, 당신이 당신의 몸에 온전히 감사하고, 당신의 몸을 정의롭게 대했다면 당신과 당신의 몸이 어떻게 하나가 되어 있었을지 상상해 보라. 당신 자신으로 충분해서 다른 누구도 설득할 필요가 없다고 상상해 보라. **당신 자신이 천국**이기 때문에 스스로 존재하는 것으로 행복하고, 어느 곳을 가든 천국이 펼쳐진다고 상상해 보라. 이러한 모습의 자유를 누리고 사는 삶을 상상해 보라. 그렇다. 진리가 당신을 자유롭게 할 것이다. 단, 당신은 먼저 그 진리를 **볼 수 있어야 한다.**

나는 당신이 당신 자신의 이야기가 진실인지 진실이 아닌지 들여다보길 바란다. 당신이 창조하는 모든 것은 완벽하다. 그러니 어떤 판단도 배제한 채 그것이 **지금** 어떤 모습을 하고 있는지 살펴보기를 바란다. 당신이 속한 환경을 살피고 당신이 꾸는 꿈의 구조를 살피고 당신 주변의 모든 것을 살피기를 바란다. 당신의 신념을 돌아보고 그 신념이 당신의 삶에 반영되는 양상을 살피기를 바란다. 당신의 관심이 당신의 모든 꿈을 어느 곳으로 인도하고 있는지 살피기 바란다. 나는 당신이 이러한 것들을 **생각**하라고 말하는 것이 아니다. 나는 당신이 그 모든 것을 관조觀照하기를 희망한다. 바라보는 것은 생각하는 것과 다르다.

보이는 것들이 진실이 아니라면 그것을 믿을 필요가 없다는 사실을 당신은 안다. 그러므로 믿는 대신 바라보는 방법을 배우면 된다. 당신이 어떤 것을 믿는 순간 그것은 당신의 지식에 의해 즉시 왜곡된다. 하지만 지식을 버리고 기호를 넘어서면 인생의 어느 순간에 지혜로운 자seer가 된다. 지혜로운 사람은 자신의 꿈을 숙달시킨 사람이며, **관조**하는 방법을 익힌 사람이다. 당신을 부를 이름은 수없이 많다. 예술가, 꿈꾸는 자, 메신저, 지혜로운 사람……. 나는 예술가라는 이름을 좋아한다. 당신의 창조 행위 전체가 예술적인 작품이기 때문이다.

이제 당신은 당신의 피조물을 볼 수 있고, 그 피조물이 **무엇인**

지 볼 수 있고, 그 안의 진실을 볼 수 있다. 하지만 그에 앞서 진실이 아닌 모든 것, 미신이나 거짓에 불과한 모든 것을 떨쳐내야 한다. 당신이 진실을 직시할 용기가 있다면, 무엇을 말하든 당신의 이야기가 완전히 거짓이라는 사실을 알게 될 것이다. 당신은 당신의 이야기가 진실이 아님을 안다. 당신은 당신이 아닌 것들을 떨쳐낼 용기를 가져야 하고, 그 이야기들에 집착하던 모습을 떨쳐낼 용기를 가져야 한다. 당신의 이야기는 **본연의 당신**이 아니기 때문이다. 당신이 당신 자신에게 속삭이던 거짓말들을 더 이상 믿지 않는 순간, 당신은 그에 따르는 고통이 얼마나 하찮은지를 알게 된다. 진실은 거짓을 믿는 일보다 백만 배는 더 가치가 있다.

어떤 소설이든, 어떤 영화나 드라마든 극의 정점을 이루는 것은 진실의 순간이다. 그 전까지 서사의 갈등은 계속해서 쌓여간다. 긴장은 계속해서 고조되다가 진실이 거센 파도처럼 밀려들면 모든 거짓은 허물어지고 만다. 위기의 순간에 거짓은 진실의 현현 앞에 살아남지 못하고 산산이 흩어져 버린다. 이제 더 이상의 긴장은 없다. 진실과 함께 평화가 찾아오고 극이 결말을 맺으면 우리는 안도감을 느낀다.

당연한 일이지만 진실이 당신의 이야기와 만나면 모든 것이 위협적으로 느껴진다. 공포가 당신을 휘감으면 당신은 이렇게 외칠 것이다. "도와줘! 내 인생의 모든 토대가, 내가 믿어온 모든 것들이 무너져내리고 있어. 지금껏 내뱉던 거짓말들 없이 어떻게 내 삶을 이어갈 수 있을까? 더 이상 어떤 것도 믿을 수 없다면, 사람들의 뒷담화도 하지 못한다면 나는 아무 말도 할 수 없을 거야." 정확히 이런 생각을 하게 될 것이다! 아무 말도 하지 않는 것. 이것이 바로 내가 여러분에게 전하고자 하는 것이다.

사람들은 내게 묻는다. "내가 만일 기호를 믿지 않는다면, 그 기호들에게서 모든 믿음을 거두어버린다면, 다른 사람들과 어떻게 소통을 하나요? 내가 알고 있는 지식의 토대가 없다면 인생을 어떻게 살아갈 수 있을까요?" 당신도 동의하듯, 의심의 힘은 그들의 마음속에서 작용하고 있으며 심지어 이전보다 훨씬 더 커져 있다.

하지만 당신이 언어를 배우기 전의 모습을, 다른 동물들과 다를 것이 없었던 시절의 모습을 기억할 수 있다면, 당신은 언어를 통하지 않고도 충분한 의사소통을 했다는 사실을 알게 될 것이다. 당신이 이성을 사용하지 않고 언어를 사용하지 않고도 당신 자신이었던 오래전 순간을 기억하기를, 당신이 언어를 배우기 이전 본연의 당신이었던 순간을 회복하기를, 그래서 진실을 마주할 수 있기를 바란다. 당신이 당신의 마음속으로 직접 들어가 말없이 진실을 찾고 본연의 자아를 찾기를, 그리고 온 힘을 다해 그것을 꺼내기를 바란다.

당신에게로 향하는 여정의 가장 높은 지점은 당신이 마침내 진실의 눈으로 자신을 관조하는 그 순간이다. 당신이 만일 본연의 자아를 관조할 수 있다면 관조하는 모든 것을 사랑할 수 있을 것이다. 당신은 당신이라는 존재의 거대함을 보게 될 것이며 당신 자신의 놀랍고도 아름다운 모습을 보게 될 것이다. 당신은 당신에게 나타나는 완벽함을 보게 될 것이며 그 완벽함은 사람들이 당신의 머릿속에 주입한 모든 의심들을 사라지게 할 것이다. 당신은 당신이 빛이고 삶이라는 사실을 알게 될 것이다. 그래서 당신이 당신의 신성을 받아들인다면 당신의 삶은 더욱 밝게 빛나게 될 것이다.

당신은 삶을 누리기 위해 세상에 존재한다. 당신은 삶의 풍진風塵을 견디기 위해, 혹은 사소한 욕구들을 충족하기 위해 세상에 존재하는 것이 아니다. 그것들은 당신의 존재와 관련이 없으며 당신의 삶에 필요하지도 않다. 당신은 꿈꾸는 사람이 되기 위해, 예술가가 되기 위해, 지혜로운 자가 되기 위해 이곳에 있다. 하지만 자신의 이야기와 자신의 상처와 자신의 희생에만 몰두한다면 당신은 지혜로운 자가 될 수 없다. 20년 전에, 혹은 40년 전에, 어머니나 아버지가, 혹은 크게 중요하지 않은 어떤 사람이 당신에게 했던 일을 여전히 기억하고 거기에 매여 있다면 당신은 진실을 관조하고 있지 못한 것이다. 당신이 그런 사건들에 몰두하고 있다면 당신과 대화하는 것은 벽에 대고 말하는 것과 다르지 않다. 이것은 혹시 당신의 이야기이지 않은가?

지혜로운 자가 되기 전에 당신의 삶은 단순함과 매우 거리가 멀었다. 당신은 알고 있는 모든 것을 맹신했다. 당신은 엄청난 식견을 가지고 있었고 주변의 모든 사람들에게 그것을 설파했다. 하지만 지혜로운 자가 된 이후에는 모든 것이 변한다. 지혜로운 자인 당신은 사람들이 가장하는 모습을 보고, 그들이 표현하는 모습을 보고, 그들이 믿는다고 생각하는 것을 본다. 그리고 그것이 진실이 아님을 안다. 모두가 그저 연기를 하고 있을 뿐이다. 그들은 무엇을 가장하고 있는가? 그들도 정확히 알지 못한다. 당신도 당신이 창조한 조연 배우들의 마음을 모두 읽을 수는 없다. 당신도 **당신이** 무엇을 가장하고 있는지 모두 알지 못한다. 하지만 당신은 그 모든 행위들 이면에 실재하는 사람을 본다. 당신이 어떻게 그 실재하는 사람을 사랑하지 않을 수 있겠는가? 당신과 마찬가지로 그 실재하는 사람도 무한으로부터 왔다. 실재하는 사람은 지식의 목소리가 만든 기호들과 관련이 없다. 그 실재하는 사람은 어떤 떠도는 이야기와도 관련이 없다.

당신이 지혜로운 사람이 되면 당신은 이야기들의 이면을 볼 수 있다. 당신은 사람들을 이해할 수 있지만, 그들은 그들 자신을 이해하지 못한다. 그들이 당신을 이해할 방법이 없고 그렇게 할 필요도 없다. 대다수의 사람들은 당신이 얻은 참된 앎을 가지고 있지 못하다. 그들은 자신들이 왜 그러한 모습으로 살아가는지 알지 못한다. 그러한 생각조차 하지 못한 채 생존에 몰두한다. 모든 사람들을 믿을 필요가 없음에도 그들은 모든 사람들을 믿는다. 그들은 자기 자신을 신뢰하지 않기 때문에 자기 자신이 얼마나 위대한지 알지 못한다. 그들은 안개의 벽처럼 자신을 둘러싼 스스로의 지식만을 바라본다. 완전히 술에 취한 수천 명의 사람들 가운데 취하지 않은 한 사람이 있다고 상상해 보자. 당신은 그 취한 사람들과 토론을 벌일 것인가? 정말로 그들을 믿을 수 있다고 생각하는가? 무슨 말을 하든 그들의 말은 신뢰할 수 없다는 것을 당신은 알고 있을 것이다. 왜냐하면 당신도 취해본 경험이 있고 취한 상태에서 했던 말은 신뢰할 수 없다는 사실을 알기 때문이다.

당신이 참된 앎을 얻었다면 어떠한 마음이 어떠한 사람들을 만드는지 쉽게 이해할 수 있을 것이다. 하지만 참된 앎을 얻었다고 해서 당신이 그들보다 옳다는 말은 아니다. 참된 앎을 얻은 것이 당신을 더 우월하게 만들지 않으며, 당신을 더 똑똑하게 만들지 않는다. 지식과 관련이 없는 일이기 때문이다. 참된 앎에 이르면 당신은 온전히 겸손한 사람이 된다. 그러한 일에 관심을 갖지 않는다. '관심이 없다'라는 말에는 두 가지 종류가 있다. 일차원의 꿈속을 살아가는 희생자들이 '나는 관심이 없어'라고 말한다면 그것은 거짓이다. 왜냐하면 실제로 그들은 남의 말에 매우 관심이 많으며 그로 인해 상처받고 좌절한다. 그들은 독소가 가득한 감정의 상처를 입은 채 일종의 방어기제로 이렇게 말한다. '아, 나는 관심 없어.' 그들은 당연히 관심이 있다. 그리고 당신은 그들이 '나는 관심 없어'라고 하는 말을 믿지 않는다.

당신이 지혜로운 사람이 된다면 사람들의 행동이 매우 쉽게 예측될 것이다. 희생자의 꿈속을 사는 모든 사람들은 자신이 만든 거대한 이야기에 예속되어 있다. 이것이 그들의 세계관이자 유일한 생각의 관점이다. 그들이 바라보는 삶의 방식은 매우 협소하다. 자신들이 믿는 것만 보여주는 거울만을 들여다보며 행동하기 때문에 그러하다. 그것이 진실과 거리가 멀다는 것은 분명한 사실이다. 그들은 자신들이 믿는 것을 당신에게 투사하지만, 당신은 그들이 투사한 것들을 본다. 하지만 당신은 그것을 개인의 영역으로 받아들이지 않는다. 그들이 당신에게 투사한 것들이 진실이라고 속단하지 않기 때문이다. 당신은 그들이 투사하는 것이 **스스로** 믿는 것일 뿐임을 알고 있다. 당신도 같은 경험을 해보았기 때문에 잘 알고 있다.

당신이 지혜로운 사람이 되면 다른 사람들이 스스로에게 하는 모든 행위들을 관조하면서도 당신의 관점은 개인의 영역을 온전히 벗어나 있다. 떨쳐냄의 과정을 통해 당신은 더 이상 속단하지 않게 되고, 스스로의 이야기에 매몰되는 희생자가 되지도 않는다. 모든 것은 이야기일 뿐이고, 당신은 그것이 당신의 창조물이라는 사실도 안다. 하지만 그것은 다른 누구에게도 일어나는 일이다. 당신은 모든 이야기들을 알고 있고 모든 기호들을 주시하고 있다. 당신은 사람들의 모든 행위들을 주시하고 있지만 어떤 것도 당신에게 영향을 미치지는 못한다. 그 무엇도 당신을 위태롭게 하지 못하는데, 당신이 이미 면역력을 가졌기 때문이다. 당신은 사람들의 얼굴을 바라보며 그 얼굴들을 사랑하지만, 그러면서도 당신의 꿈에 속하지 않은 무엇인가가 그 얼굴에 담겨 있다는 사실을 알고 있다. 그것은 그 사람 각자가 꿈꾸는 개인적인 꿈이며, 당신은 그들의 꿈과 그들의 예술 행위들을 온전히 존중한다.

존중은 아름다운 단어이며 우리가 이해하는 가장 중요한 단어들 가운데 하나일 것이다. 당신이 이 단어를 들어본 적이 없다고 가정하고 그 의미를 받아들여 보자. 다른 어떤 기호들과 마찬가지로 이 단어도 합의의 과정이 필요한데, 그렇지 않으면 어떤 기호도 의미를 부여받을 수 없기 때문이다. 다른 여러 기호들처럼 존중도 우리 자신에게서 시작되어 외부로 나가 모든 사람과 모든 관계로 확장된다. 만일 우리가 우리 자신을 존중하지 않는다면, 어떻게 다른 사람이나 다른 대상을 존중할 수 있겠는가?

당신이 당신 자신을 존중한다는 것은 당신을 있는 그대로 받아들인다는 뜻이다. 당신이 다른 사람을 존중한다면, 그것은 그 사람을 있는 그대로 받아들인다는 뜻이다. 당신이 만일 동물과 바다와 대기와 지구 등 자연의 모든 것을 존중한다면 세상의 모든 피조물들을 있는 그대로 받아들인다는 뜻이다. 우리가 이 세상에 태어났을 때 모든 것이 이미 갖추어져 있었다. '무엇이 창조되었어야 했나'와 같은 문제는 우리의 선택사항이 아니었다. 모든 것은 이미 만들어졌고 우리는 그것을 존중할 뿐이다. 이보다 더 나은 방법이 있을까? 그럴 수도 있겠지만 나는 그렇게 생각하지 않는다. 존중은 우리가 원하는 모습이 아니라 있는 그대로 존재하는 모든 것을 온전히 받아들이는 것이다. 이것이 존중이라는 단어가 가진 가감 없는 의미일 것이다.

당신이 만일 있는 그대로의 당신을 받아들인다면 더 이상 당신 자신을 섣부르게 판단하지 않을 것이다. 당신이 만일 있는 그대로 사람들의 모습을 받아들인다면 더 이상 그들의 모습을 섣부르게 판단하지 않을 것이다. 그렇게 된다면 세상에는 매우 놀라운 일들이 벌어질 것이다. 당신은 평화를 찾게 될 것이다. 당신은 당신 자신과 갈등을 벌이지 않을 것이며 다른 사람과도 불화를 겪지 않을 것이다. 사람들 사이에 벌어지는 모든 갈등은 서로 존중하지 않는 데서 발생한다. 모든 전쟁은 타인이 가진 삶의 방식을 존중하지 않는 데서 시작된다. 그들의 권리를 존중하는 대신 우리는 우리가 믿는 것을 그들에게 강요한다. 그곳에는 평화가 아닌 전쟁이 필연적이다.

존중은 설정된 경계와도 같다. 우리가 **권리**와 존중이라고 부르는 것은 언제나 함께한다. 우주에 존재하는 모든 것이 권리를 가지듯 우리에게도 권리가 있다. 우리는 수십억 명의 서로 다른 존재들이 공생하는 세상에 살고 있으며, 존중의 가치야말로 꿈꿀 권리를 가진 사람들이 조화롭고 평화롭게 살 수 있도록 한다.

이차원의 꿈속에서 우리는 자신의 천국을 창조하기 시작하고, 삼차원의 꿈에 도달하면 우리의 삶은 **천국이 된다**. 천국은 우리 자신이 왕이나 왕비가 되어 통치하는 왕국이다. 나는 나 자신의 왕국이 있고 그곳은 천국이지만, 언제나 그러한 것은 아니다. 내가 더 이상 나 자신과 다른 사람들을 판단하지 않을 때, 그래서 내가 나의 왕국을 온전히 존중할 때, 그리고 다른 사람들의 왕국도 존중할 때 비로소 그곳은 천국이 된다. 다섯 번째 지혜는 존중의 가치도 전하고 있는데, 우리가 다른 사람들의 이야기를 **경청**하는 것은 그 사람들을 존중하기 때문이다. 나는 많은 사람들이 자신의 이야기 속에 매몰되어 살아가는 대신 진정한 자아 속에서 살아갈 수 있도록 돕고 싶다.

누군가가 나의 이야기를 쓰는 것을 반대하듯, 나는 결코 남들의 이야기를 쓰지 않을 것이다. 나는 당신의 생각과 당신의 꿈과 당신의 창조 행위를 존중한다. 나는 어떤 것이든 당신이 믿는 것을 존중한다. 나는 당신을 존중하기 때문에 당신이 살아가는 방식과 옷

입는 방법, 걸어가는 모습, 말하는 태도 등 당신이 당신의 왕국에서 행위하는 어떤 것에 대해서도 이야기하지 않으려 한다. 내가 당신의 왕국을 통제하는 즉시 나는 더 이상 당신을 존중하지 않게 된다. 그럴 경우 우리는 당신의 왕국에 대한 통제권을 놓고 전쟁을 벌이게 된다. 만일 내가 당신을 통제하려 한다면, 당신을 통제하려는 의지 속에 나 자신의 자유를 잃게 된다. 그렇다면 나의 자유는 당신이 누구이든 당신이 무엇을 원하든 당신을 있는 그대로 두는 일이다. 당신의 가상현실을 바꾸는 것은 내가 할 일이 아니다. 내가 할 일은 나 자신을 바꾸는 일이다.

당신은 당신의 왕국에서 왕이고 왕비다. 그것은 당신이 만드는 세계다. 당신이 거주하는 그곳의 모든 것이 당신 것이다. 당신은 당신의 왕국을 꿈꾸고 그 속에서 강렬한 행복을 느낄 수 있다. 그것은 어떻게 해야 가능한가? 첫째, 당신은 자신의 왕국을 존중해야 한다. 그렇게 하지 못한다면 그곳은 더 이상 천국이 아닌 지옥으로 변할 것이다. 둘째, 당신은 누군가가 당신의 왕국을 멸시하는 것을 허용하지 않아야 한다. 누구든 당신의 왕국을 멸시하는 사람은 당신의 왕국에서 내보내져야 한다. 그곳은 당신의 왕국이고 당신의 삶이기 때문이다. 당신은 당신의 인생을 당신의 방식대로 살아갈 권리가 있다. 거기에는 잘못된 방법이란 없다. 잘못된 방법도 우리가 만드는 또 다른 방법일 뿐이다.

자신의 전쟁에서 승리한다면 당신은 어떤 것에 대해서도 판단할 필요가 없고, 다른 사람의 판단도 당신에게 영향을 미치지 못한다. 물론 당신도 다른 사람들처럼 실수를 저지를 수 있다. 하지만 당신의 머릿속에는 온전한 정의perfect justice가 살아 있다. 당신은 당신에게 친절하고 당신을 사랑하기 때문에 모든 실수들에 대해 각기 한 번씩만 대응한다. 때문에 자신과의 지나친 소모전은 벌이지 않는다.

내가 당신과 나누고 있는 이 언어들은 아마도 당신의 머릿속에서 당신에게 속삭이는 그 목소리에게 일정한 의미를 전달할 것이다. 그렇다면 그 목소리는 이처럼 새로운 이야기를 통해 새로운 꿈을 꾸기 시작할지도 모르고, 폭군이 되지 않기로 결정할지도 모르고, 스스로를 판단하지 않기로 결정할지도 모르고, 자신을 정죄하지 않기로 결정할지도 모르며, 당신의 마지막 심판의 날이 다가온 것일지도 모른다. 그것은 당신에게 달려 있다. 당신이 폭군을 설득하여 모든 판단을 멈추도록 할 수 있다면, 이내 삶의 모든 것이 바뀔 것이다.

폭군이 적이 아닌 동맹이 되고, 인생이 굴곡으로 점철되는 대신 평온함이 지속된다고 상상해 보라. 폭군이 당신의 동맹이 된다면 그는 결코 당신을 대적하지 않을 것이고, 당신을 위태롭게 하지도 않을 것이다. 오히려 무엇이든 당신이 창조하고자 하는 것을 도

울 것이다. 그러한 마음은 강력한 내적인 도구가 되며 강력한 동맹
군이 된다. 이후의 삶에는 전혀 다른 이야기가 펼쳐질 것이다. 바로
당신 자신의 천국이다.

천국의 꿈속에서 당신은 모든 것이 있는 그대로라는 사실을
알기 때문에 그 삶에 온전히 자신을 맡기게 된다. 그리고 모든 것을
있는 그대로 받아들이기 때문에 더 이상 아무것도 걱정하지 않게
된다. 더 이상 두려운 것이 없기 때문에 당신의 삶은 매우 흥미로워
진다. 당신은 당신이 해야 하는 일들을 정확히 행하고 있으며, 이미
일어난 일들은 그렇게 되기로 결정되어 있었다는 사실을 알고 있
다. 심지어 당신이 최악의 실수라고 생각했던 것조차 그것이 당신
을 더 큰 앎으로 인도했기 때문에 그렇게 되도록 계획된 것이었다
고 생각한다. 당신에게 일어날 수 있는 최악의 일조차도 당신을 성
장하도록 추동하는 것이기 때문에 그 일은 그렇게 될 예정이었다.

우리에게 일어날 수 있는 최악의 일은 무엇인가? 죽음인가?
우리 모두는 결국 죽음에 이를 것이고, 이를 막을 방법은 없다. 우
리는 그 여정을 즐길 수도 있고 거부할 수도 있다. 하지만 거부하는
일은 무의미할 뿐이다. 우리는 우리 자신이 되도록 태어났으며, 무
엇이든 그 범위 내에서 가능하다. 하지만 우리는 가상현실을 만들
고 그 속에서 우리에게 주어진 인과의 법칙에 저항한다. 그리고 저
항을 통해 다른 세계를 창조하고자 한다. 이러한 투쟁은 저항일 뿐

이고, 저항은 고통을 낳는다.

당신이 삶을 삶 자체에 맡긴다면 모든 것이 마법처럼 바뀐다. 당신은 당신의 몸과 마음을 통해 전해오는 모든 힘을 신뢰하게 된다. 그것은 삶을 관조하는 전혀 새로운 방식이다. 그것은 존재의 방식이며, **삶** 자체다. 당신은 진실 자체이기 때문에 행복하다. 당신은 어느 곳에 있든, 무엇을 하든 행복하다. 심지어 지루한 시간을 보낼 때도, 문제가 벌어져도 당신은 삶을 즐길 수 있다. 당신은 자유롭다. 그것은 꿈에 집착하지 않는 꿈의 주인만이 가지는 자유이다. 꿈의 주인은 관심을 가지면 꿈에 빠져들고, 원할 때면 그 꿈에서 빠져나올 수 있다. 외부의 꿈들은 당신의 주의를 끌고자 하고, 당신은 일정한 관계를 허용하지만, 언제든 돌이켜 그곳에서 빠져나올 수 있다. 당신은 언제든 자신의 꿈을 바꿀 수 있고, 처음부터 모든 것을 다시 시작할 수도 있다.

당신은 매 순간 지키고 싶은 것과 버리고 싶은 것을 선택한다. 하지만 언어를 통해서는 아니다. 당신은 당신의 이야기를 만들 필요가 없지만 원한다면 그렇게 할 수도 있다. 당신의 이야기 속에서 당신은 자신에게 벌어진 일을 두고 온 세상을 비판할 수도 있고 자신의 책임으로 떠안을 수도 있다. 예술가가 되고, 자신의 삶을 관조하고, 그 삶을 원하는 방식으로 바꾸어보라. 당신은 부자가 될 수도 있고 가난한 사람이 될 수도 있지만, 그것은 중요하지 않다. 당신은 명예를 얻을 수도 있고 그렇지 않을 수도 있지만, 그것은 중요하지 않다. 나는 어둠이 지배하는 세계에서 명성을 얻는 것이 전혀 중요하다고 생각하지 않는다. 지옥의 권력자가 되는 것은 재미있다고 생각하지 않지만, 그것은 선택의 문제라 당신이 이를 선택할 수도 있다. 당신이 만일 당신의 창조에 책임을 질 수 있다면 원하는 것은 무엇이든 창조할 수 있다. 당신은 당신의 이야기를 다시 쓸 수 있고 당신의 꿈을 다시 창조할 수 있다. 당신이 만일 당신의 창조물에 당신의 사랑을 첨가하기로 한다면, 당신은 굴곡의 드라마를 가장 장엄하면서도 낭만적인 희극으로 바꿀 수도 있다.

어쩌면 당신은 당신의 이야기를 끝맺지 못했을 것이지만, 당신이 그것을 끝낼지의 여부를 누가 알 수 있는가? 솔직하게 말하자면 그것은 중요한 문제가 아니다. 당신이 당신의 삶에서 무엇을 하든 중요하지 않다. 다른 사람들이 그들의 삶에서 무엇을 하든 전혀 중요하지 않다. 당신의 일이 아니기 때문이다. 어떤 것도 크게 중요한 것은 없다. 하지만 한 가지만큼은 중요하다고 할 수 있다. 그것은 '삶' 자체다. 삶은 그 자체로 의지이자 창조자다. 창조 행위도 그다지 중요하지 않다. 창조의 결과들은 날마다 변하고, 시시각각 바뀌며, 세대를 거칠수록 달라진다. 삶은 지속되지만 당신의 꿈은 당신의 물리적인 신체가 살아 있는 동안에만 지속된다. 이 세상에서 당신이 어떤 행위를 했든 다음 세상으로 당신을 데려갈 수는 없다.

그럴 필요도 없다. 과거에도 그럴 수 없었고 앞으로도 그럴 수 없을 것이다.

하지만 그렇다고 해서 당신이 창조를 하지 말아야 한다는 뜻은 아니다. 당신은 당연히 창조를 할 것이다. 그것은 당신의 본능이기 때문이다. 당신은 언제나 창조한다. 당신은 언제나 당신 자신을 표현한다. 당신은 예술가로 태어났고 당신의 예술은 당신 영혼의 표현이다. 그것은 당신이 가진 본연의 힘이 드러나는 모습이다. 당신은 당신이 얼마나 큰 힘을 가졌는지 알고 있으며, 그 힘은 실재한다. 당신은 당신이 배운 것을 알며, 당신이 가진 모든 지식이 실재하지 않는다는 사실도 안다.

진실은 당신 앞에서 모습을 드러낸다. 삶을 살아가는 것이 진실을 경험하는 것이다. 진실을 **관조**하는 것은 당신의 세계에 큰 영향을 미친다. 진실 자체가 **되는 것은** 가장 중요한 목표다. 그것이 진정한 당신이기 때문이다. 진실이 아닌 것은 전혀 중요하지 않다. 진실에 대한 열망과 진실에 대한 사랑이 중요하고, 그것이야말로 진정한 가르침이다.

당신은
어떤 메신저인가?

메시지를 전하는
세 가지 방법

다섯 번째 지혜는 톨텍의 가장 진전된 가르침이다. 그것은 우리를 우리 자신의 의미로 되돌려 놓을 준비를 하도록 한다. 우리의 의미는 진실의 메신저다. 우리는 말을 하는 모든 순간 메시지를 전달한다. 만일 우리가 진실을 전하지 못하고 있다면 그것은 우리가 진정한 자신의 모습을 알지 못하기 때문이다. 요컨대 네 가지 지혜는 우리가 우리 자신의 진정한 모습을 알고 우리가 가진 언어의 힘을 깨우치는 데 도움을 주었다. 하지만 우리의 최종적인 목표는 다섯 번째 지혜다. 왜냐하면 이것을 통해 우리는 상징 너머에 도달할 수 있고, 언어로부터 파생되는 창조 행위에 책임을 갖게 되기 때문이다. 다섯 번째 지혜는 우리가 기호들에 투사한 믿음의 힘을 되찾도록 돕는다. 그리고 우리가 기호들을 극복할 때 우리가 가지는 힘은 믿을 수 없을 만큼 거대해질 것이다. 왜냐하면 그것은 우리가 예술가로서 가지는 창조의 힘이자 삶의 힘이며, **진정한** 우리 자신이기 때문이다.

다섯 번째 지혜를 나는 **메신저 훈련** 혹은 **천사 훈련**이라고 부른다. 왜냐하면 그것은 자신에게 전달해야 할 메시지가 있다는 것을 아는 메신저들을 위한 것이기 때문이다. 천사angel는 그리스어로 '메신저messenger'라는 뜻을 가지고 있다. 천사는 존재한다. 하지만 종교에서 묘사하듯 날개 달린 존재는 아니다. 우리 모두가 메신저다. 그러므로 우리 모두가 천사다. 물론 우리는 날개가 없고 날개 달린 천사를 믿지도 않는다. 날개 달린 천사를 묘사하는 종교 이야기도 하나의 상징에 불과하다. 하나의 상징으로써 날개의 의미는 천사가 날 수 있다는 것뿐이다.

천사는 날아다니며 필요한 정보나 메시지를 전해준다. 진정한 메시지는 삶이고 진실이다. 그런데 세상에는 삶을 전하지 못하고 진실을 전하지 못하는 메시지들이 너무도 많다. 세상에는 깨달음을 얻은 사람들과 얻지 못한 사람들 수십억 명이 함께 모여서 살고 있다. 그중 다수는 깨달음과 거리가 멀다는 것은 분명해 보인다. 우리는 메시지를 주고 받도록 태어났지만 우리 자신이 메신저라는 사실은 알지 못한다. 지구 위에 살아가는 대다수의 사람들은 자신들이 사용하는 기호가 자신들의 창조물이라는 사실을 알지 못한다. 그들은 기호들이 가진 힘이 어디에서 비롯되었는지 알지 못한다. 다시 말해 그들은 기호들의 완전한 지배를 받고 있다.

사람들은 어떤 메신저들인가? 대답은 분명하다. 당신은 이 세상에서 그 결과들을 보고 있다. 주변을 돌아보면 사람들이 어떤 메신저들인지 알게 될 것이다. 그 사실을 알게 된다면 다섯 번째 지혜는 더욱 큰 의미를 가진다. **의심하라. 그러나 경청하라.** 메신저들 사이에서 차이를 만드는 것은 무엇인가? 바로 참된 앎이다. 이것이 메신저 훈련을 통해 우리가 얻고자 하는 것이다. 이것을 통해 우리는 세상에서 전달하고 있는 메시지의 종류를 구분하는 데 도움을 얻는다.

톨텍의 관점에서는 메시지를 전하는 세 가지 방법이 있다. 인간 세상에서는 이것을 세 가지 언어로 부른다. 험담의 언어, 전사의 언어, 진실의 언어다.

험담의 언어는 모든 사람이 사용하는 언어다. 누구나 험담하는 법을 안다. 우리가 이 언어를 사용할 때 우리의 메시지는 왜곡된다. 우리는 주변의 모든 것을 두고 험담을 한다. 특히 우리 자신에 대해서는 더욱 그러하다. 우리가 만일 다른 언어를 사용하는 나라를 여행한다면 그들이 사용하는 언어가 무엇이든 그들도 우리처럼 험담의 언어를 사용한다는 사실을 알게 된다. 나는 이를 거대한 미토테라고 부른다. 깨달음이 없는 평범한 꿈속에서 거대한 미토테는 인간의 마음을 장악하고 우리가 단어의 의미를 해석하는 데 모든 오해와 모든 왜곡을 만들어낸다. 험담의 언어는 **희생자의 언어**라고도 부른다. 불의와 처벌의 언어이기 때문이다. 또 지옥의 언어다. 왜냐하면 모든 험담은 온전히 거짓말에 의해 만들어지기 때문이다. 하지만 인간은 쉬지 않고 험담한다. 우리의 내면에 프로그램된 어떤 것이 우리 내부의 어떤 것이 바뀔 때까지 험담을 하도록 만들어졌기 때문이다. 이때 우리의 내부에서는 험담을 거부하고자 하는 반란이 일어난다. 전쟁은 우리 머릿속에서 시작되며, 그것은 진실과 거짓 사이의 전쟁이 된다.

두 번째 언어는 **전사의 언어**다. 우리가 어떤 진실한 의도를 가지고 이 언어를 사용할 때도 우리는 때때로 거짓말을 한다. 우리 자신의 앎에 토대를 두고 생각하기 때문이다. 때때로 우리는 거짓을 믿는데, 이것은 우리를 즉시 지옥으로 인도한다. 때때로 우리는 진실을 믿는데, 이에 우리는 즉시 천국으로 안내된다. 우리는 결코 믿음을 버리지 않는다. 때문에 세상의 기호들이 우리의 믿음을 온전히 차지하고 있다. 전사가 된 우리는 이 꿈에서 저 꿈으로 옮겨다니며, 때로는 천국에서 때로는 지옥에서 기거한다. 당신이 상상하는 것처럼 전사의 언어는 험담의 언어보다 천 배는 훌륭하다. 하지만 다시 강조하건대, 우리는 우리의 언어를 바꿀 수 있고, 다른 언어를 추가로 배울 수도 있다.

세 번째 언어는 **진실의 언어**이며, 이 언어를 사용할 때 우리는 많은 말을 하지 않는다. 이 단계에 이르면 우리가 사용하는 기호들은 우리의 창조물이 된다는 사실을 명확히 알게 된다. 소통하기 위해 사용하는 기호들에 의미를 부여하는 것은 우리 자신이다. 우리는 타인과 우리 자신에게 메시지를 전달하는 데 있어서 흠결 없는 언어를 사용하기 위해 최선을 다하게 된다. 우리가 그 메시지이기 때문이다. 종국에는 우리에게 더 이상의 거짓이 없게 된다. 왜냐하면 우리는 참된 앎을 얻었고 우리가 우리 자신을 삶과 진실로 여기기 때문이다.

진실의 언어는 탁월한 언어다. 왜냐하면 그 언어는 꿈의 주인이 사용하는 언어, 즉 꿈에 통달한 예술가의 언어이기 때문이다. 주인의 세계에는 언제나 음악이 있고 예술이 있으며 아름다움이 가득하다. 스스로 주인인 예술가들은 언제나 행복하다. 그곳에는 평화가 있으며 그들은 언제나 삶을 누린다.

나는 이 세 가지 소통 방법을 '1-2-3의 언어', 'A-B-C의 언어', 혹은 '도-레-미의 언어'라고 부른다. 험담의 언어는 1-2-3의 언어다. 왜냐하면 배우기 쉽고 누구나 구사할 수 있기 때문이다. 전사의 언어는 A-B-C의 언어다. 왜냐하면 전사는 기호의 폭군에 대항하는 사람이기 때문이다. 진실의 언어는 도-레-미의 언어다. 왜냐하면 이 언어는 거대한 미토테 대신 음악이 머릿속에서 흘러넘치는 예술가들을 위한 것이기 때문이다. 도-레-미의 언어로 이야기하는 것은 매우 즐겁다. 음악은 정신을 자극하기 때문에 마음속에 음악이 흐른다. 음악이 다른 식으로 발현되면 그것은 순수한 **의지**가 된다. 나는 내 머릿속에 있는 음악이 전부 꿈에 지나지 않는다는 사실을 알고 있고, 그것을 꾸미거나 가공하지 않는다.

　물론 원한다면 나도 이야기를 꾸밀 수 있다. 그것은 아름다운 이야기가 될 것이다. 나는 기호들을 관조할 수 있고, 당신이 이해하는 기호들을 사용해 당신과 소통할 수 있다. 또 당신이 하는 말을 이해하기 위해 그 기호들을 사용할 수도 있다. 기호들은 대체로 당신의 이야기가 될 것이다. 당신은 당신이 믿는 많은 것들이 진실이라고 주장할 것이고 나는 그것이 사실이 아니라는 것을 알겠지만 당신이 이야기할 때는 경청한다. 나는 그 이야기들이 어디에서 비롯되었는지 알고 있으며 당신이 보지 못하는 것을 볼 것이다. 나는 당신이 가장하는 당신이 아닌 **진정한 당신**을 볼 것이다. 당신이 가장하는 것은 매우 그럴듯할 것이지만 그렇다고 해서 내가 그것을 이해하는 데 어려움을 겪지는 않는다. 그것이 **진정한 당신**이 아니라는 사실을 알 뿐이다. 진정한 당신은 당신이라는 존재이며 그것은 지구 위의 어떤 것만큼 아름답고 놀라운 것이다. 활짝 핀 장미꽃을 보면 그 존재 자체를 통해 경이로움을 느끼게 된다. 당신은 그 장미가 얼마나 경이로운지 자신에게 설명할 필요가 없다. 당신은 장미의 아름다움과 낭만을 관조한다. 당신은 장미의 향기를 맡을 수 있지만 장미는 한 마디의 말도 하지 않는다. 당신은 장미의 메시지를 이해한다. 하지만 언어를 통해서는 아니다. 숲속을 거닐면 새들이 서로에게 지저귀는 소리를 듣는다. 나무도 다른 차원의 기호들을 통해 다른 나무들에게 속삭인다. 당신은 주변의 모든 것들이 내밀한 소통을 하는 것을 볼 수 있으며 그것은 매우 놀라운 일이라는 것을 깨달을 것이다.

이처럼 세상 모든 곳에는 메신저들이 있는데, 당신은 그에 대해 생각해 본 적이 있는가? 당신이 세상에 태어난 이후 줄곧 메시지를 전해왔다는 사실을 생각해 본 적이 있는가? 심지어 당신이 태어나기 전, 당신의 어머니가 당신을 잉태한 사실을 알았을 때도 당신의 메시지는 전해졌다. 당신의 부모님은 어서 속히 출산일이 되어 당신을 만나기를 고대했다. 부모님은 기적이 일어난 것을 보았고, 당신은 태어나자마자 메시지를 전했으나 그것은 언어가 아니었다. 부모님은 당신의 존재를 느꼈다. 그것은 천사의 현현이었고, 천사의 메시지는 바로 **당신**이었다.

당신은 메시지였고, 지금도 여전히 메시지다. 하지만 당신은 다른 메신저들로 인해 왜곡되었다. 그것은 메신저들의 잘못이 아니며 당신의 잘못이 아니다. 사실 그 누구의 잘못도 아니다. 그 왜곡은 매우 견고했다. 오직 완벽함만이 설정되어 있었기 때문에 왜곡 또한 완벽했을 뿐이다. 그러나 당신은 성장하며 많은 것을 자각하게 되었다. 그리고 이제 당신은 다른 메시지를 전달하기로 마음먹을 수 있다. 당신은 언어를 바꾸고 삶의 반영을 바꾸어보기로 마음먹을 수 있다. 당신은 메시지를 전하는 방법을 바꿀 수 있으며 사람들과 소통하는 방법을 바꿀 수 있다.

이제 당신에게 간단한 질문 하나를 던지고자 한다. 나는 당신이 이 질문을 이해하기를 바라고, 당신 머릿속의 목소리가 이 질문에 답하도록 두지 않기를 바란다. 당신이 나의 질문을 받았을 때 언어 이면에 놓인 의미와 의도를 이해하고, 그것을 마음의 영역으로 직접 받아들이기를 바란다. 자, 질문은 이것이다. **당신은 어떤 메신저인가?** 이것은 판단에 관한 문제가 아니다. 당신 자신의 마음을 들여다보는 작은 의심 행위이지만 어쩌면 깨달음에 이르는 큰 발걸음이 될 수도 있다. 당신이 이 질문을 진정으로 이해한다면 마음속의 작은 의심을 통해 삶 전체를 변화시킬 수도 있다

당신은 어떤 메신저인가? 당신은 진실을 전하는가, 아니면 거짓을 전하는가? 당신은 진실을 품고 있는가? 아니면 거짓을 품고 있는가? 모든 것은 진실과 거짓 사이에 놓여 있다. 이것이 문제의 핵심이며, 이것이 다른 모든 것 가운데 차이를 만든다. 내적인 갈등이든 사람 사이의 갈등이든, 모든 갈등은 거짓을 전하고 거짓

을 믿는 행위에서 비롯된다.

당신은 어떤 메신저인가? 험담과 거짓을 전하는 메신저인가? 그 모든 거짓과 험담 가운데서, 혹은 거짓을 믿은 결과가 초래한 삶의 고초 가운데서 당신은 평온한가? 그것이 당신 주변 사람들과 나누는 삶인가? 그것이 당신이 아이들에게 가르치는 가치인가? 당신은 아직도 당신의 문제를 부모와 관련짓는가? 그들은 주어진 상황에서 최선을 다했다는 것을 기억하기 바란다. 당신의 부모가 당신을 학대했다고 해도 그것은 당신의 문제가 아니다. 부모 자신들이 가졌던 공포 때문이었으며, 그들이 믿었던 꿈들 때문이었다. 당신을 학대했다면 그것은 그들도 학대를 받았기 때문이다. 당신에게 상처를 주었다면 그들 역시 상처를 받았기 때문이다. 그것이 인과의 사슬이다. 당신은 그 사슬의 일부가 될 것인가, 아니면 당신이 사슬의 연결고리를 끊을 것인가?

당신은 어떤 메신저인가? 천국과 지옥 사이에서 분투하는 전사의 메신저인가? 당신은 아직도 사람들이 '이 말이 진실이야'라고 주장하는 것을 믿는가? 당신은 아직도 당신 자신의 거짓말을 믿는가? 만일 당신이 당신 자신에게 전하는 메시지가 지옥으로 인도하는 것이라면, 당신이 가장 사랑하는 사람에게는 어떤 메시지를 전하고 싶은가? 당신이 그토록 사랑하는 아이들에게는 어떤 메시지를 전하고 싶은가? 당신이 사랑하는 부모와 형제자매와 배우자와 친구들과 그 밖의 모든 사람들에게는 어떤 메시지를 전하고 싶은가?

당신은 어떤 메신저인가? 만일 당신이 자신을 위해 어떤 꿈을 창조하고 있는지를 나에게 알려준다면, 나는 당신이 어떤 메신저인지 말해줄 수 있다. 당신은 당신 자신을 어떻게 대하는가? 자신에게 친절한가? 자신을 존중하는가? 다른 사람을 존중하는가? 자신에 대해 어떻게 느끼는가? 더 나아가, 자신을 좋아하는가? 자신을 자랑스럽게 생각하는가? 스스로 행복한가? 아니면, 당신의 꿈에 굴곡과 불의가 담겨 있는가? 당신의 꿈에 섣부른 판단이 있고 희생자가 있는가? 그 꿈은 포식자의 꿈인가, 아니면 폭력이 난무한 꿈인가? 만일 그렇다면 당신의 꿈은 당신의 메시지를 왜곡하고 있다. 당신의 머릿속에 가득한 속단과 희생과 온갖 왜곡된 목소리들은 당신의 모든 것을 왜곡하고 있다.

지금 이 순간에도 당신은 당신 자신과 주변 사람들에게 메시지를 전하고 있다. 당신은 항상 메시지를 전할 뿐 아니라 이 사람, 저 사람으로부터 메시지를 받기도 한다. 당신은 이 세상에서 항상 기호를 사용하고 있다는 사실을 인지하고 있는가? 이 세상에 당신이 전하는 메시지는 무엇인가? 그 메시지는 흠결이 없는가? 당신이 전하는 메시지들을 한번 살펴보라. 당신이 하는 말은 진실에서 비롯된 것인가, 아니면 당신에게 속삭이는 지식의 목소리나 폭군이나 재판관에게서 나오는 말인가? 그 메시지를 전하는 주체는 누구인가? **정말** 당신이 맞는가? 그 꿈은 당신의 꿈이다. 만일 당신이 진정한 당신이 아니라면 그 메시지는 누가 전하고 있는 것인가? 한 번 생각해 볼 가치가 있지 않은가?

당신이 말할 때 그 언어가 상대방에게 영향을 미치는 것을 느끼는가? 당신이 벽을 향해 말을 하고 있다고 상상해 보자. 벽이 대답하기를 기대하는가? 당신이 하는 말을 듣는 것은 벽이 아니다. 당신의 입에서 나오는 말을 듣는 것은 당신 자신이다. 당신의 언어가 주변의 모든 것에 영향을 미친다면 그것은 당신 자신에게도 영향을 미친다는 뜻이다. 벽을 향해 이야기를 한다고 해도 그 행위를 통해 당신의 메시지는 더욱 구체화 된다. 그렇다면 흠결 없는 언어의 중요성은 더욱 명확해진다.

이제 상상력을 발휘하여 당신이 살아오면서 다른 사람들과 가졌던 상호작용들을 떠올려보자. 사람들과 함께 소통했던 기억들은 누구나 가지고 있을 것이다. 사람들은 언제나 당신에게 메시지를 전하고, 당신도 언제나 그들의 메시지를 받아들인다. 당신 삶에 등장하는 사람들은 어떤 메신저들인가? 그들은 당신의 삶에 어떤 메시지를 던져주었는가? 그 메시지들은 당신에게 어떤 영향을 미쳤는가? 당신은 당신이 들었던 그 많은 메시지들 가운데 얼마나 많은 부분에 동의하고 그것을 당신의 것으로 받아들였는가? 그 메시지들 가운데 얼마나 많은 부분을 아직도 간직하고 있는가? 만일 당신이 다른 누군가의 메시지를 전하고 있다면 그 메시지는 누구의 것인가?

당신이 평생 전한 메시지들과 당신이 평생 취한 메시지들이 어떤 것들이었는지 상기해 보고 또한 느껴보기를 바란다. 당신은 자신을 포함하여 누구도 함부로 판단할 필요가 없다. 단지 이렇게 물어보라. **나는 어떤 메신저인가? 내 삶에 등장하는 사람들은 어떤 메신저들인가?** 이것은 깨달음에 이르는 큰 발걸음이며, 또한 지혜로운 자가 되는 큰 발걸음이다.

당신이 만일 사람들과 주고받는 메시지들의 의미를 직시할 수 있다면 당신의 생각은 확고하고도 견고한 힘을 가지게 될 것이다. 당신은 사람들이 당신에게 전하는 메시지를 명확히 읽을 수 있고 그들이 어떤 메신저들인지도 명확히 알 수 있다. 그렇게 된다면 당신이 사람들에게 어떤 메시지를 전해야 하는지 알 만큼 성숙해진다. 그리고 당신 자신이 어떤 메신저인지 정확히 알게 된다. 당신은 언어의 힘을 알게 되고, 실천의 힘을 알게 되고, 당신이라는 존재의 힘을 알게 될 것이다.

당신은 주위의 모든 사람과 모든 사물에게 끊임없이 메시지를 전한다. 하지만 그중에서도 당신 자신에게 가장 많은 메시지를 전한다. **메시지란 무엇인가?** 메시지는 가장 중요한 힘이다. 왜냐하면 당신의 메시지는 당신의 삶 전체에 영향을 미치기 때문이다. 당신은 진리를 전하는 주인인가? 당신은 거짓을 전하는 희생자인가? 당신이 주인이든, 혹은 독을 품은 험담의 메신저든, 아니면 천국과 지옥을 오가는 험난한 생을 보내는 전사의 메신저든, 그 여부가 중요한 것은 아니다. 당신은 당신의 내면에 있는 정보를 전달한다. 그것은 옳거나 그른 것이 아니고, 좋거나 나쁜 것이 아니다. 그것은 단지 당신이 알고 있는 것이다. 그것은 당신이 평생 동안 배운 것으로, 당신이 무엇을 배웠는지는 중요하지 않다. 당신이 무엇을 가르쳐왔고 무엇을 공유해 왔는지도 중요하지 않다.

정말로 중요한 것은 진정한 자기 자신이 되는 일이다. 진정한 자신이 되고, 삶을 누리고, 사랑을 하는 일이다. 그 사랑은 사람들이 왜곡하는 기호가 된 사랑이 아닌 실재하는 사랑이며, 본래의 자아가 가지게 되는 말로 표현할 수 없는 느낌이다. 절대 잊지 말고 항상 기억해라. 당신은 존재하는 모든 것을 창조하는 힘이다. 당신은 꽃을 피우고 구름과 지구와 별과 은하계를 움직이는 힘이다. 당신은 당신의 메시지가 무엇이든 조건 없이 당신을 사랑해야 한다. **왜냐하면** 당신은 당신 자신이기 때문이다. 왜냐하면 당신은 당신을 **존중**하기 때문이다. 스스로를 너무 사랑해서 더 이상 당신이라는 메신저에 만족할 수 없다고 생각하지 않는 한, 당신은 달라질 필요가 없다.

당신은 순수했고 참된 앎을 몰랐기 때문에 잘못된 언어를 사용했을 수 있다. 하지만 참된 앎을 얻고도 같은 행위를 반복한다면 어떻게 될까? 당신이 앎을 얻었다면 더 이상 무죄를 주장할 수 없다. 당신은 당신이 무엇을 하고 있는지 정확히 알고 있으며, 당신이 무엇을 하든 모든 행위들은 여전히 완벽하다. 이제 모든 것은 당신의 결정이고 당신의 선택이다. 그렇다면 이제 질문은 달라진다. 당신은 어떤 메시지를 전하기로 **결정**했는가? 진실인가, 아니면 거짓인가? 사랑인가, 두려움인가?

내가 선택한 것은 진실과 사랑의 메시지다. 당신이 선택한 것은 무엇인가?

·· 당신이 바뀌면 세상이 바뀐다 ··

당신이 만일 메신저로서의 현재 당신 모습에 더 이상 만족할 수 없다면, 혹은 당신이 진실과 사랑을 전하는 메신저가 되고자 한다면, 인간 전체를 위한 새로운 꿈에 참여하는 것을 권한다. 그곳에서 우리 모두는 조화롭고 진실하게, 사랑하는 마음을 가지고 살아갈 수 있다.

이 꿈에서는 모든 종교와 모든 철학을 환영할 뿐 아니라 존중한다. 우리는 누구나 어떤 종교든 철학이든 자신이 원하는 것을 믿고 따를 권리가 있다. 우리가 기독교를 믿든, 모세나 알라, 브라마 Brahma, 부처, 혹은 다른 성인이나 스승을 믿든 중요하지 않다. 누구나 환영받으며 누구나 자신의 꿈을 나눌 수 있다. 나는 당신이 나의 모든 이야기를 신뢰하기를 바라지 않는다. 하지만 당신의 내면에 울림이 있다면, 당신이 나의 언어 이면에 있는 진실을 느꼈다면, 그렇다면 나는 앞의 제안들에 하나의 지혜를 덧붙이고자 한다. **함께 세상을 변화시키자.**

당신이 떠올린 첫 번째 질문은 당연히 이것일 것이다. 어떻게 세상을 바꿀 것인가? 나의 대답은 간단하다. **당신의** 세상을 바꾸면 된다. 내가 함께 세상을 바꾸자고 제안했을 때, 나는 행성 지구를 걱정했던 것이 아니다. 당신의 머릿속에 존재하는 가상현실을 두고 이야기한 것이다. 그러므로 변화는 당신에게서 시작된다. 당신이 먼저 당신 자신의 세상을 바꾸지 않는다면 내가 세상을 바꾸는 데 당신은 도움이 되지 않을 것이다. 당신이 자신을 사랑하고, 자신의 삶을 누리고, 당신의 세계를 천국의 꿈으로 만드는 것으로 세상을 바꿀 수 있다. 그렇게 나는 당신에게 도움을 요청할 수 있다. 당신은 당신의 세계를 바꿀 수 있는 유일한 사람이기 때문이다. 당신이 만일 세상을 바꾸고자 마음먹었다면 가장 쉬운 방법은 상식 그 이상도 이하도 아닌 간편한 도구들을 활용하는 것이다. 앞에서 이야기한 다섯 가지 지혜가 세상을 바꾸는 도구가 된다. 당신이 만일 **흠결 없는 언어로 말하고, 어떤 것도 개인의 잘못으로 떠안지 않고, 함부로 추측하지 않고, 항상 최선을 다하고, 의심하면서도 경청하는 사람이 된다면** 당신의 머릿속에서 더 이상의 전쟁은 벌어지지 않을 것이다.

당신이 이 다섯 가지 지혜를 실행한다면 당신의 세계는 고양

될 것이며, 사랑하는 사람들과 그 행복을 나누고 싶어질 것이다. 하지만 세계를 바꾸는 것은 단지 당신 이야기에 등장하는 조연 인물을 바꾸는 것으로는 가능하지 않다. 진정으로 세상을 바꾸고자 한다면 당신 이야기의 주연 배우인 **당신 자신**의 세계를 변화시켜야 한다. 만일 주인공의 모습이 변한다면, 조연 배우들의 모습 역시 마법과도 같이 변하게 될 것이다. 만일 당신이 변하면 당신의 아이들도 변할 것이다. 당신이 아이들에게 전하는 메시지가 변할 것이기 때문이다. 당신이 아내나 남편에게 전하는 메시지도 변할 것이기 때문이다. 친구들과의 관계도 변할 것이다. 그리고 무엇보다도 중요한 당신 자신과의 관계도 변할 것이다.

자신에게 전하는 메시지가 바뀌면 당신이 행복해지고, 당신이 행복해지는 그 사실만으로도 주변 사람들이 영향을 받는다. 당신의 노력은 모든 사람들을 위한 것이 된다. 당신의 기쁨과 행복과 천국은 전염되기 때문이다. 당신이 행복하면 주변 사람들도 행복해질 뿐만 아니라 주변 사람들도 각자의 세계를 바꿀 영감을 얻는다.

우리의 모습은 세계 전체의 현현이다. 내가 우리라고 말할 때 그것은 모든 인간을 의미한다. 우리의 현현은 사랑이다. 그것은 기쁨이다. 그것은 행복이다. 세상을 마음껏 누리자. 세상 모든 것을 누리자. 우리는 서로 미워하기보다 서로 사랑해야 한다. 서로의 차이가 우열의 차이라는 생각을 버리자. 그런 거짓말을 믿지 말자. 우리의 서로 다른 색깔이 우리를 다른 사람으로 만드는 것을 두려워하지 말자. 그것이 무슨 의미가 있냐고? 이런 말 또한 거짓말이다. 우리는 우리 삶을 지배하는 거짓과 미신을 믿을 필요가 없다. 이제 누구에게도 도움이 되지 않는 거짓과 미신을 떨쳐낼 시간이 되었다. 그 광신주의를 폐기해야 한다. 우리는 진실로 돌아갈 수 있고 진실의 메신저가 될 수 있다.

우리는 전해야 할 메시지가 있고 그 메시지는 우리의 유산遺産이 될 것이다. 우리가 어렸을 때 우리는 부모님과 선대 어르신들의 유산을 물려받았다. 우리는 멋진 세상을 물려받았고, 이제는 우리의 아이들과 그들의 아이들에게 우리처럼 훌륭하게 살 수 있는 세상을 물려줄 차례다. 우리는 우리의 행성을 파괴하는 행위를 그쳐야 한다. 우리는 서로를 망치는 행위도 그쳐야만 한다. 인간은 조화로운 관계에서만 공존할 수 있다. 우리가 하고자 하는 의지가 있다면 우리는 놀라운 일을 해낼 수 있다. 우리에게 필요한 것은 우리가 하는 일을 자각하고 자신의 진정한 모습을 회복하는 일뿐이다.

나는 우리가 서로 다른 모습을 가졌다는 사실을 알고 있다. 각기 자신의 꿈속에서 살아가기 때문이다. 하지만 우리는 서로의 꿈을 존중할 수 있다. 우리는 각자가 꾸는 꿈의 주인공이기 때문에 함께 살아가는 것에 공감할 수 있다. 우리는 각자의 신념과 각자의 이야기와 각자의 관점을 가졌다. 우리는 수십억 개의 서로 다른 관점을 가졌지만, 그럼에도 각자의 모습 이면에 같은 빛을 공유하고 있고, 같은 삶의 힘을 가졌다.

함께 세상을 변화시키자고 했던 나의 초대장은 당신이 당신 자신의 모습으로 자유롭게 살라고 한 권유였다. 이 지혜를 수렴하고자 한다면 우선적으로 마음의 문을 열어야 한다. 나는 지금 당신에게 세상을 변화시키는 **노력**을 하라고 요청하는 것이 아니다. 이건 **노력**을 해야 하는 것이 아니다. 그냥 하는 것이다. 오늘부터 시도해 보라. 우리가 우리의 아이들과 그들의 아이들에게 남기는 위대한 유산이 될 수도 있다. 우리는 생각하는 방식을 온전히 바꾸어서 그들에게 삶 속에서 사랑을 실현하는 방법을 보여줄 수 있다. 우리가 어느 곳에 있든 천국은 우리와 함께한다. 우리가 고통받기 위해 세상에 태어났다는 말은 사실이 아니다. 이 아름다운 행성 지구가 눈물의 행성인 것은 더더욱 아니다. 우리의 새로운 생각들은 세상의 거짓들을 대체할 수 있고, 온전히 누릴 삶이 있는 놀라운 곳으로 우리를 인도할 수 있다.

어느 곳을 가든 사람들은 말한다. 우리는 사명을 가지고 이 땅에 태어났으며, 우리의 인생에는 해야 할 일과 극복할 일이 있다고 말이다. 그것이 무엇인지 나는 알지 못한다. 나도 인간이 어떤 사명을 가지고 태어난다고 생각하지만 그렇다고 해서 어떤 것을 극복해야 한다고 생각하지는 않는다. 당신이 가지고 있는 사명은 우리 모두가 가지고 있는 사명과 다르지 않다. 그것은 스스로를 행복하게 하는 일이다. 그 '방법'이 있다면 각자가 좋아하는 수백만 가지가 있을 것이다. 결국 당신 삶에 사명이 있다면 그것은 당신 삶의 매 순간을 누리는 것이다. 우리는 우리의 신체가 오랫동안 지속되지 않는다는 사실을 안다. 우리가 누릴 수 있는 것은 여러 차례의 일출과 일몰, 그리고 보름달뿐일지도 모른다. 지금은 살아서 온전히 존재하고, 자신과 자신에게 주어진 모든 것을 누려야 할 때다.

지난 세기 동안 과학과 기술은 빠르게 성장했지만 심리학은 매우 뒤떨어져 있었다. 이제는 심리학이 과학과 기술을 따라잡을 시간이 되었다. 이제는 인간의 마음에 대한 우리의 생각을 바꾸어야 할 때가 되었다. 나는 지금 사실상의 비상사태를 보고 있다. 컴퓨터와 인터넷이 지금의 상태로 방치된다면 거짓말이 전 세계로 매우 빠르게 확산되어 종국에는 통제 불능의 상태가 될 수 있다.

나는 인간이 더 이상 거짓말을 믿지 않는 때가 오고 있다고 믿는다. 우리는 우리 자신으로부터 시작하지만 우리 자신의 세계를 넘어서 인간 사회 전체를 변화시는 것을 목표로 삼아야 한다. 우리가 만일 우리 자신의 세계를 우선적으로 변화시키지 않는다면 어떻게 세상 전체를 변화시킬 수 있겠는가? 물론 이 두 가지를 분리해서 말하는 것은 쉽지 않다. 왜냐하면 현실적으로 우리는 두 가지를 동시에 실행해야 하기 때문이다.

우리 함께 이 세계에 하나의 변화를 만들어보자. 머릿속에서 벌어지는 전쟁에서 승리하고 이 세상도 바꾸어보자. 세계 전체를 변화시키는 데 얼마나 오랜 시간이 걸릴까? 두 세대, 세 세대, 혹은 네 세대쯤? 진실을 말하자면 사실 그것이 얼마나 오래 걸릴지는 관심 갖지 않아도 된다. 급할 것도 없지만 지체할 일도 아니다. 자, 지금부터 함께 세상을 변화시켜 나가자.

감사의 말

많은 분에게 진심 어린 감사의 말씀을 전하고자 한다. 이 책의 출간을 책임져준 재닛 밀스Janet Mills, 사랑과 지지를 보내준 주디 시걸Judy Segal, 나아갈 길을 비춰준 레이 체임버스Ray Chambers, 전작 『네 가지 약속The Four Agreements』의 메시지들을 그토록 많은 이들과 공유해 준 오프라 윈프리Oprah Winfrey와 엘런 디제너러스Ellen DeGeneres, 미 공군의 챌린지 코인으로 『네 가지 약속』의 중요성을 인정해 준 에드 로젠버그Ed Rosenberg와 리머 소장Major General Riemer, 시간과 재능은 물론 넉넉한 인내심으로 이 책을 발간해 준 게일 밀스Gail Mills, 캐런 크리거Karen Kreiger, 낸시 칼턴Nancy Carleton, 그리고 톨텍의 가르침을 널리 알리는 데 헌신하고 지지해 준 조이스 밀스Joyce Mills, 마이야 참파Maiya Champa, 데이브 맥컬러Dave McCullough, 테레사 넬슨Theresa Nelson, 슈키바 사미미-암리Shkiba Samimi-Amri에게도 감사의 말씀을 드린다.

옮긴이 **노윤기**

건국대학교 철학과를 졸업하고 University of Illinois at Urbana-Champaign Tesol 과정을 마쳤다. 공기업에서 국제 관계와 기업 홍보 업무를 보았으나 좋은 책을 읽고 소개하는 번역가의 업에 매료되어 바른번역 글밥 아카데미를 수료하고 번역가가 되었다. 옮긴 책으로는 『대중은 어떻게 바보가 되는가(가제)』, 『과학을 부정하는 이들과 대화하기(가제)』, 『구글은 어떻게 여성을 차별하는가』, 『옥스퍼드 튜토리얼』, 『남자의 미래』, 『단순한 삶의 철학』, 『커피의 모든 것』 등이 있다.

이 진리가 당신에게 닿기를

The Fifth Agreement

초판 1쇄 발행 2022년 11월 23일

초판 4쇄 발행 2025년 1월 20일

지은이 돈 미겔 루이스Don Miguel Ruiz, 돈 호세 루이스Don Jose Ruiz, 재닛 밀스Janet Mills

옮긴이 노윤기

펴낸이 김동환, 김선준

편집이사 서선행

책임편집 최구영 **편집3팀** 최한솔, 오시정

마케팅팀 권두리, 이진규, 신동빈

홍보팀 조아란, 장태수, 이은정, 권희, 유준상, 박미정, 이건희, 박지훈, 송수연

디자인 김혜림

경영관리팀 송현주, 권송이, 윤이경, 정수연

펴낸곳 페이지2북스 **출판등록** 2019년 4월 25일 제 2019-000129호

주소 서울시 영등포구 여의대로 108 파크원타워1. 28층

전화 02) 2668-5855 **팩스** 070) 4170-4865

이메일 page2books@naver.com

종이 ㈜월드페이퍼 **인쇄·후가공** 더블비 **제본** 책공감

ISBN 979-11-90977-90-6 (03100)